Das Steuer-Set für Vermieter

Constanze Elter

Das Steuer-Set für Vermieter

Steuern optimieren

Spartipps im Vermieteralltag

Steuererklärung leicht gemacht

Ferienwohnungen richtig versteuern

Stiftung Warentest

Inhalt

7 Kurzratgeber

8 Antworten auf die elf häufigsten Fragen
13 ELSTER: Steuererklärung voll digital

19 Optimieren bei Kauf und Bau

20 Die Immobilie als Steuersparmodell?
21 Abschreibung und Verkehrswert
29 ABC der Anschaffungs- und Herstellungskosten
32 Besonderheiten bei Stellplätzen und Garagen
34 So funktioniert die Sonderabschreibung
37 Die Grundsteuer – eine umfassende Reform
40 So lassen sich beim Verkauf Steuern sparen

43 Der Vermieteralltag: Steuern sparen, wo es geht

44 Einnahmen bei Vermietung
48 Werbungskosten: Was, wie viel, wann?
53 Erhaltungsaufwand oder Herstellungskosten?
58 Verluste mit anderen Einkünften verrechnen

63 Fallstricke vermeiden

64 Vorübergehender Leerstand
66 Vorsicht Liebhaberei
69 Verträge mit Angehörigen
72 Welche Förderregeln für welche Immobilie?

77 Ferienwohnungen und Untervermietung

78 Einnahmen und Werbungskosten bei Ferienwohnungen
85 Rechnung schreiben: Wie geht das?
88 Gemischt genutzte Ferienwohnungen
90 Untervermietung, Airbnb & Co.

95 Service

96 Fachbegriffe erklärt
100 Register
102 Impressum

Sie können die Formulare auch bequem kostenlos herunterladen und ausfüllen. Den Link und einen QR-Code finden Sie auf Seite 103.

103 Formulare

105 Step by step durch die Steuererklärung
106 Ausfüllhilfe Anlage V
114 Ausfüllhilfe Anlage V-FeWo
118 Ausfüllhilfe Anlage V-Sonstige
122 Ausfüllhilfe Anlage Sonstiges
125 Herstellungs- und Anschaffungskosten
128 Ausfüllhilfe Angaben zur Inanspruchnahme einer Sonderabschreibung nach § 7b EStG
135 Eigenbeleg
137 Reisekostenabrechnung
139 Checkliste Werbungskosten
141 Rechnungsvorlage
143 AfA-Tabelle für den Wirtschaftszweig Gastgewerbe (Auszug)

Kurzratgeber

Ganz gleich, ob Sie unerwartet – beispielsweise durch eine Erbschaft – zur Vermieterin geworden sind, ob Sie eine Ferienwohnung besitzen oder ob Sie immer schon vorhatten, in eine Immobilie als Altersvorsorge zu investieren: Die grundsätzlichen Fragen, die sich in puncto Steuer stellen, sind ähnlich.

Was gehört eigentlich in die Steuererklärung, habe ich bislang wirklich immer auf alles Wichtige geachtet? Gibt es Tricks und Kniffe, steuerliche Vorteile, die ich nutzen kann? Und wie funktioniert das mit der Abschreibung? Kann ich meine Steuererklärung als Vermieterin oder Vermieter allein erstellen – und vor allem digital? Unser Kurzratgeber verschafft Ihnen einen ersten Überblick über die wichtigsten Punkte und führt Sie in unseren Ratgeber ein.

Antworten auf die elf häufigsten Fragen

Im Zusammenhang mit einer privaten Vermietung stellen sich viele steuerliche Fragen – mit Blick auf die Einnahmen und auf die Kosten. Wir haben die zentralen Fragen für Sie in einem kurzen Überblick zusammengetragen.

Frage 1
Welche Einnahmen muss ich versteuern?

Als Vermieterin oder Vermieter müssen Sie alle Einnahmen versteuern, die Sie im Zusammenhang mit der Vermietung Ihrer Immobilie erhalten (siehe Kapitel 3 ab S. 43). Dazu gehören die Miete, Nebenkostenvorauszahlungen, Baukostenzuschüsse oder auch Zinsen aus Bausparverträgen. Die Kaution zählt nur dann als Einnahme, wenn Sie diese verwenden müssen, beispielsweise für Reparaturen. Auch Einnahmen aus der Vermietung von Garagen, Stellplätzen oder möblierten Wohnungen müssen versteuert werden (siehe Kapitel 2, S. 32).

Wichtig ist, alle Einnahmen korrekt zu erfassen und in der Steuererklärung anzugeben, um mögliche steuerliche Nachteile zu vermeiden (siehe Interview, S. 59). Einnahmen aus der Vermietung sind Teil der „Einkünfte aus Vermietung und Verpachtung“ und unterliegen der Einkommenssteuer. Die genaue Höhe der Steuer hängt von Ihrem persönlichen Steuersatz ab, der sich nach Ihrem gesamten zu versteuernden Einkommen richtet. Von Ihren Einnahmen können Sie die Ausgaben, die im Zusammenhang mit Ihrer Vermietung entstehen, abziehen.

Frage 2
Was unterscheidet private von gewerblicher Vermietung?

Es gibt keine eindeutige Grenze, bis zu der Ihre Vermietung als privat eingestuft wird. Als Faustformel gilt: Wenn Sie Ihren Lebensunterhalt mit Vermietungen bestreiten und Immobilien in größerem Umfang vermieten, dürfte es sich um ein Gewerbe handeln.

Auch die Vermietung von Ferienwohnungen kann eine gewerbliche Einnahmequelle darstellen; wann so etwas der Fall ist, hängt beispielsweise von den Dienstleistungen ab, die Sie rund um Ihre Urlaubsimmobilie anbieten (mehr dazu lesen Sie in Kapitel 5 „Ferienwohnungen und Untervermietung" ab S. 77). Steuerlich hat dies vor allem Auswirkungen auf die sogenannte Umsatzsteuer (auch Mehrwertsteuer genannt). Mehr Details dazu lesen Sie auch auf Seite 84 („Wann Umsatzsteuer?").

Wichtig zu wissen: Wenn Sie sich nicht sicher sind, ob Ihre Mieteinnahmen gewerbliche Einkünfte darstellen, lassen Sie sich von einem Steuerfachmann oder einer Steuerfachfrau beraten (weitere Informationen siehe Kapitel 3).

Frage 3
Welche Ausgaben kann ich als Werbungskosten absetzen?

Werbungskosten sind alle Ausgaben, die im Zusammenhang mit der Vermietung stehen. Dazu gehören Finanzierungskosten, Reparaturen, Verwaltungskosten, Fahrtkosten zur Immobilie, Versicherungsbeiträge oder die Grundsteuer. Auch Kosten für die Mietersuche und Renovierungen können abgesetzt werden (siehe Kapitel 3). Zu den Werbungskosten zählen zudem Ausgaben für Fachliteratur, Software für die Vermietung und Beiträge zu Vermieterverbänden.

Bewahren Sie sämtliche Belege und Nachweise für diese Ausgaben sorgfältig auf, da der Fiskus diese bei einer Prüfung einsehen möchte (siehe Kapitel 4 „Fallstricke vermeiden"). Werbungskosten mindern die steuerpflichtigen Einnahmen und können somit die Steuerlast erheblich reduzieren. Auch Kosten für die Instandhaltung und Modernisierung der Immobilie können als Werbungskosten abgesetzt werden, sofern sie nicht als Herstellungskosten gelten.

Frage 4
Was ist der Unterschied zwischen Erhaltungsaufwand und Herstellungskosten?

Erhaltungsaufwand dient dazu, die Immobilie in ihrem ursprünglichen Zustand zu erhalten; die Aufwendungen können sofort als Werbungskosten abgezogen werden (siehe Kapitel 3). Herstellungskosten entstehen durch den Bau oder die wesentliche Verbesserung der Immobilie und müssen über die Nutzungsdauer abgeschrieben werden (siehe Kapitel 2). Erhaltungsaufwand umfasst Reparaturen und Renovierungen, während Herstellungskosten für Erweiterungen und Modernisierungen anfallen.

Ein Beispiel für Erhaltungsaufwand ist die Reparatur eines defekten Heizkessels, während der Einbau einer neuen Heizungsanlage unter die Herstellungskosten fällt. Es ist wichtig, diese Unterscheidung zu beachten, da sie Auswirkungen auf die steuerliche Behandlung der Kosten hat. Herstellungskosten erhöhen die Abschreibungsbasis (AfA) der Immobilie und werden über die Nutzungsdauer verteilt, während Sie den Erhaltungsaufwand sofort steuerlich geltend machen können.

Frage 5
Wie funktioniert die Abschreibung (AfA) bei Immobilien?

Die Abschreibung verteilt die Anschaffungs- oder Herstellungskosten einer Immobilie über deren Nutzungsdauer. Es gibt verschiedene Abschreibungsmethoden, wie die lineare und die degressive Abschreibung (siehe Kapitel 2). Die Höhe der jährlichen Abschreibung hängt vom Baujahr der Immobilie ab. Gebäude, die nach dem 31. Dezember 2022 fertiggestellt wurden, können mit 3 Prozent über 33 Jahre abgeschrieben werden. Ältere Gebäude haben andere Abschreibungssätze, zum Beispiel 2 Prozent für Gebäude, die zwischen 1925 und 2022 errichtet wurden. Die Abschreibung beginnt im Jahr der Anschaffung oder Herstellung und endet, wenn die Immobilie vollständig abgeschrieben ist oder verkauft wird. Die Abschreibung mindert die steuerpflichtigen Einkünfte und kann somit die Steuerlast reduzieren. Achten Sie daher darauf, die Abschreibung korrekt zu berechnen und in der Steuererklärung anzugeben.

Frage 6
Was sind anschaffungsnahe Herstellungskosten?

Anschaffungsnahe Herstellungskosten sind Renovierungskosten, die innerhalb der ersten drei Jahre nach dem Kauf einer Immobilie anfallen und 15 Prozent der Anschaffungskosten übersteigen (siehe Kapitel 3). Diese Kosten müssen über die Nutzungsdauer der Immobilie abgeschrieben werden. Der Abschreibungssatz hängt von deren Bau-/Fertigstellungsjahr ab. Anschaffungsnahe Herstellungskosten umfassen größere Renovierungs- und Modernisierungsmaßnahmen, die den Standard der Immobilie erhöhen. Beispiele: Erneuerung der Elektrik, Einbau einer neuen Heizungsanlage oder umfassende Sanierung des Badezimmers. Es ist wichtig, diese Kosten korrekt zu erfassen und in der Steuererklärung anzugeben, da sie die Abschreibungsbasis der Immobilie erhöhen und über die Nutzungsdauer verteilt werden müssen. Anschaffungsnahe Herstellungskosten können nicht sofort als Werbungskosten abgezogen werden.

Frage 7
Wie kann ich Verluste aus der Vermietung steuerlich nutzen?

Verluste aus der Vermietung können mit anderen Einkünften verrechnet werden, um die Steuerlast zu senken. Sie können auch in die Vorjahre zurückgetragen oder in die Folgejahre vorgetragen werden (siehe Kapitel 3). Dies wird als Verlustabzug oder Verlustvortrag bezeichnet. Verluste aus der Vermietung entstehen, wenn die Werbungskosten die Einnahmen übersteigen. Diese Verluste können mit positiven Einkünften aus anderen Einkunftsarten wie Einkünften aus nicht selbstständiger Arbeit verrechnet werden. Dadurch mindern sie das zu versteuernde Einkommen und reduzieren die Steuerlast. Verluste, die sich nicht im gleichen Kalenderjahr verrechnen lassen, können dann, wie zuvor erwähnt, in die Vorjahre zurück- oder in die Folgejahre vorgetragen werden.

Frage 8
Was ist das Zufluss-/Abfluss-Prinzip?

Das Zufluss-/Abfluss-Prinzip besagt, dass Einnahmen und Ausgaben in dem Jahr steuerlich berücksichtigt werden, in dem sie tatsächlich zugeflossen oder abgeflossen sind. Dies lässt eine gewisse steuerliche Gestaltung zu, zum Beispiel durch das Vorziehen oder Verschieben von Ausgaben. Einnahmen werden in dem Jahr erfasst, in dem sie auf dem Konto der Vermieterin oder des Vermieters eingehen, und Ausgaben in dem Jahr, in dem sie bezahlt werden. Das Zufluss-/Abfluss-Prinzip gilt grundsätzlich für Einkünfte aus Vermietung und Verpachtung und ist besonders relevant für die zeitliche Zuordnung von Einnahmen und Ausgaben. Es ermöglicht Ihnen, Ihre Steuerlast durch geschickte Planung zu optimieren. Beispielsweise können Sie größere Ausgaben in ein Jahr mit hohen Einnahmen vorziehen, um die Steuerlast zu senken.

Frage 9
Welche steuerlichen Vorteile bietet die Sonderabschreibung?

Die Sonderabschreibung ermöglicht es Ihnen, zusätzlich zur normalen Abschreibung einen Teil der Anschaffungs- oder Herstellungskosten in den ersten vier Jahren abzusetzen. Dies kann die steuerliche Belastung in den ersten Jahren nach dem Kauf oder Bau einer Immobilie erheblich senken. Die Sonderabschreibung beträgt in der Regel 5 Prozent der Anschaffungs- oder Herstellungskosten pro Jahr und kann zusätzlich zur linearen oder degressiven Abschreibung (AfA) in Anspruch genommen werden. Achtung: Sie ist derzeit nur möglich für Neubauprojekte und energetische Sanierungen, die bestimmte Nachhaltigkeitskriterien erfüllen. Die Sonderabschreibung erhöht die jährlichen Abschreibungsbeträge und mindert somit die steuerpflichtigen Einkünfte. Es ist wichtig, die Voraussetzungen für die Sonderabschreibung zu prüfen und die entsprechenden Nachweise zu erbringen. Mit dem Jahressteuergesetz 2022 ist die Sonderabschreibung für Immobilien verlängert worden. Die speziellen Regeln gelten demnach nicht nur für Neubauprojekte, für die der Bauantrag vor dem 1. Januar 2017 gestellt wurde, sondern auch für solche, die nach dem 31. Dezember 2022 beantragt worden sind. (Mehr zum Thema ab S. 34.)

Frage 10
Welche Steuerformulare benötige ich als Vermieterin oder Vermieter für meine Steuererklärung?

Sie benötigen auf jeden Fall die Anlage V für Einkünfte aus Vermietung und Verpachtung. In ELSTER tragen Sie die Einnahmen und Werbungskosten in die entsprechenden Felder ein. Insgesamt gibt es drei Formulare: die Anlagen V, V-FeWo und V-Sonstige, die je nach Art der Vermietung verwendet werden müssen.
Die Anlage V ist das zentrale Formular für die Erfassung der Einkünfte aus Vermietung und Verpachtung und muss zusammen mit der Einkommenssteuererklärung eingereicht werden.
In der Anlage V werden alle Einnahmen und Werbungskosten detailliert aufgeführt. Die Formulare V-FeWo sowie V-Sonstige sind speziell für die Vermietung von Ferienwohnungen und sonstigen Immobilien vorgesehen und erleichtern die Erfassung der entsprechenden Einkünfte und Ausgaben (siehe Kapitel 5 sowie Interview ab S. 92).
Wie Sie die Formulare korrekt ausfüllen und welche Nachweise Sie beilegen sollten, können Sie im Formularteil dieses Sets im Detail nachlesen. Wichtig: Private Vermieter müssen ihre Steuererklärung stets elektronisch an das Finanzamt übermitteln (siehe Frage 11). (Unter bestimmten Voraussetzungen dürfen bestimmte Personengruppen weiterhin die Steuererklärung in Papierform abgeben.)

Frage 11
Wie melde ich mich bei ELSTER an?

ELSTER ist das elektronische Steuerportal der Finanzverwaltung und ermöglicht die elektronische Übermittlung von Steuererklärungen und anderen Steuerdokumenten an das zuständige örtliche Finanzamt.
Um sich bei ELSTER anzumelden, benötigen Sie ein Benutzerkonto. Gehen Sie auf die ELSTER-Website elster.de und folgen Sie den Anweisungen zur Registrierung. Sie benötigen dazu auf jeden Fall Ihre Steuer-ID (nicht zu verwechseln mit Ihrer Steuernummer) und ein sicheres Passwort.
Nach der Registrierung erhalten Sie eine Aktivierungs-ID per Briefpost, mit der Sie Ihr Konto aktivieren können. Die Anmeldung bei ELSTER ist kostenlos und bietet zahlreiche Vorteile, wie die automatische Plausibilitätsprüfung der eingegebenen Daten und die Möglichkeit, Steuerbescheide elektronisch zu empfangen.
Nach der Aktivierung Ihres Kontos können Sie Ihre Steuererklärung online ausfüllen und einreichen.
Achten Sie darauf, die Zugangsdaten sicher aufzubewahren und regelmäßig zu aktualisieren.
Wie die Anmeldung bei ELSTER funktioniert, erläutern wir Ihnen auf den folgenden Seiten näher. Anhand von einigen Screenshots lässt sich besser erkennen, wo Sie welche Eintragungen vornehmen müssen.

ELSTER: Steuererklärung voll digital

Wenn Sie Wohnungen vermieten, müssen Sie Ihre Einkünfte nicht nur versteuern, sondern Ihre Steuererklärung auch elektronisch abgeben. Das geht zum Beispiel kostenlos über das digitale Portal der Finanzverwaltung ELSTER. Wir zeigen Ihnen, wie Sie sich dort zurechtfinden.

ELSTER soll es möglich machen: das Online-Finanzamt. Kein Papier, keine Formulare, alles digital. Vermieterinnen und Vermieter sind verpflichtet, ihre Steuererklärungen elektronisch ihrem Finanzamt zu übermitteln, ebenso weitere steuerliche Formulare. Das Portal ELSTER benötigen Sie dafür nicht zwingend – allerdings müssen Sie sich einmalig dort registrieren. Denn nur so erhalten Sie die technischen Voraussetzungen, die für das Übermitteln Ihrer Steuerdaten notwendig sind: Nach der Registrierung bekommen Sie Ihre Zertifikatsdatei sowie ein Passwort. Alternativ können Sie auch die App ElsterSecure nutzen. Wie die Registrierung funktioniert, zeigen wir Ihnen im Folgenden Schritt für Schritt.

Die verwendeten Abbildungen (Stand 1/2025) können im Laufe der Zeit von den möglicherweise aktualisierten Darstellungen unter elster.de etwas abweichen.

1 Erste Orientierung: Sie rufen die Startseite elster.de auf (Screenshot 1).

Dort erhalten Sie später nicht nur Informationen aus Ihrem persönlichen Benutzerkonto, sondern auch eine Übersicht über alle elektronischen Leistungen der Finanzverwaltung sowie mehrere Hilfeangebote. Sie können sich auch über die „Suche"-Funktion im oberen Teil sämtliche aktuellen Einträge zum Thema „Vermietung und Verpachtung" anzeigen lassen. Ganz unten links auf der Seite finden Sie im Menü „Systemanforderungen" eine Zusammenstellung der technischen Merkmale, die Ihr Computer benötigt. Mit dem Konfigurations-Assistenten können Sie überprüfen, ob Ihr System die notwendigen Anforderungen erfüllt. Wechseln Sie gegebenenfalls Ihren Browser, wenn die Darstellung nicht unseren Screenshots entspricht. So finden Sie sich besser zurecht.

1

2

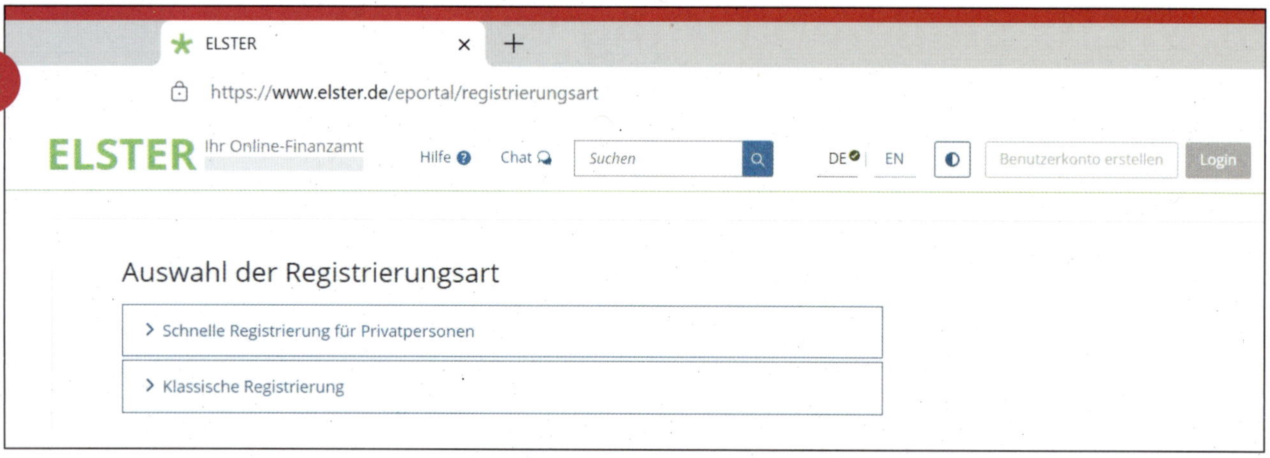

2 Benutzerkonto erstellen. Um Ihre Daten elektronisch an die Finanzverwaltung zu übermitteln, benötigen Sie zunächst ein Benutzerkonto.

Scrollen Sie zum oberen Teil der Seite und wählen Sie den Button „Benutzerkonto erstellen". Daraufhin öffnet sich die „Auswahl der Registrierungsart". Hier können Sie sich entscheiden, ob Sie sich als Privatperson schnell registrieren möchten oder die klassische Registrierung vornehmen möchten (Screenshot 2).

→ **Weg 1: Komplett digital.** Die Schnell-Registrierung können Sie nur als Privatperson wählen – und nicht zum Beispiel als Selbstständiger. Mithilfe eines Online-Identifizierungsverfahrens können Sie sich sowohl identifizieren als auch danach sofort im ELSTER-Portal einloggen. Sie müssen dann die App „Nect Wallet" herunterladen, um sich digital ausweisen zu können. Im Legitimationsprozess zeichnen Sie mit einem Smartphone Videos von sich und Ihrem Personalausweis auf – sprich, Sie benötigen ein Handy mit Kamera. Sie können

3

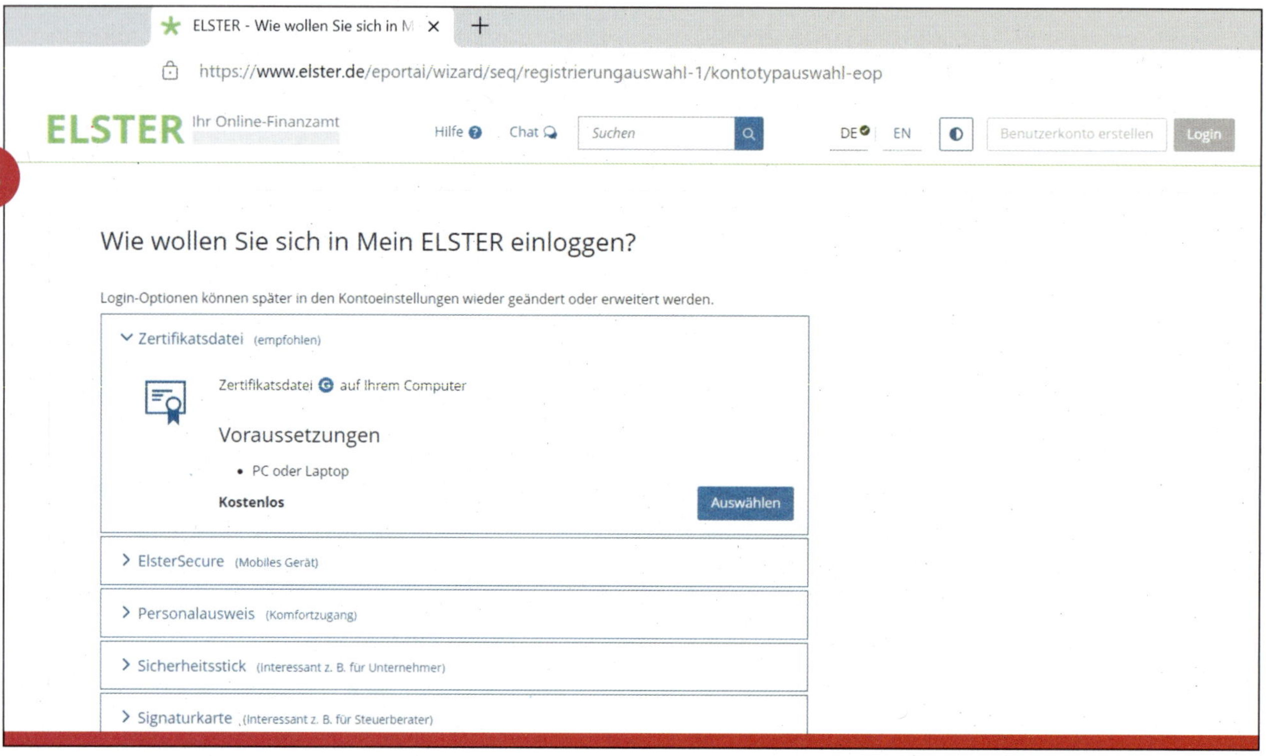

sich später bei diesem Verfahren außerdem ausschließlich mit der ElsterSecure-App einloggen. Laut Angaben der Finanzverwaltung nimmt der schnelle Registrierungsprozess für Privatpersonen 20 Minuten in Anspruch.

➔ **Weg 2: Kombination analog und digital.** Wenn Sie den klassischen Weg der Registrierung bevorzugen oder benötigen, wählen Sie den Button **„Klassische Registrierung"** (Screenshot 2). Ihre Identität wird in diesem Fall durch Briefversand bestätigt. Darüber hinaus stehen Ihnen später verschiedene Login-Möglichkeiten zur Verfügung: mit der Zertifikatsdatei, mit ElsterSecure, aber auch mit dem Personalausweis – wenn Sie für diesen ein zusätzliches Kartenlesegerät haben. Der klassische Registrierungsprozess dauert rund zwei Wochen, allein aufgrund des Postlaufs nimmt dieser Prozess mehr Zeit in Anspruch als die Schnell-Registrierung.

Wenn Sie sich für die Option „Klassische Registrierung" entscheiden, wählen Sie anschließend die Login-Option Zertifikatsdatei aus (siehe Screenshot 3). Auf der nächsten Seite markieren Sie „Für mich (und gemeinsam veranlagten Partner)". Dann auf „Weiter" und auf „Nächste Seite" klicken – und schon sind Sie auf der Eingabemaske, wo Sie Ihre persönlichen Daten eintragen können (Screenshot 4). Dafür benötigen Sie Ihre elfstellige Steuer-Identifikationsnummer – nicht zu verwechseln mit Ihrer Steuernummer. Die Steuer-Identifikationsnummer ist Ihnen vom Bundeszentralamt für Steuern zugeteilt worden. Wenn Sie das Schreiben des Bundeszentralamts nicht zur Hand haben, können Sie auch auf einem Ihrer Steuerbescheide nachsehen. Dort findet sich die Identifikationsnummer ebenfalls.

3 Wählen Sie im Anschluss einen Benutzernamen aus; bei der Sicherheitsabfrage haben Sie die Wahl zwischen mehreren Möglichkeiten. Falls Ihnen etwas im Registrierungsprozess unklar erscheint, klicken Sie einfach auf die blau unterlegten Fragezeichen (Screenshot 4). Dort erhalten Sie weitere Informationen zu den jeweiligen Zeilen. Zum Abschluss noch den Hinweis bestätigen, anschließend auf „Weiter" und – wenn Sie alles noch einmal durchgelesen haben – auf „Absenden" klicken.

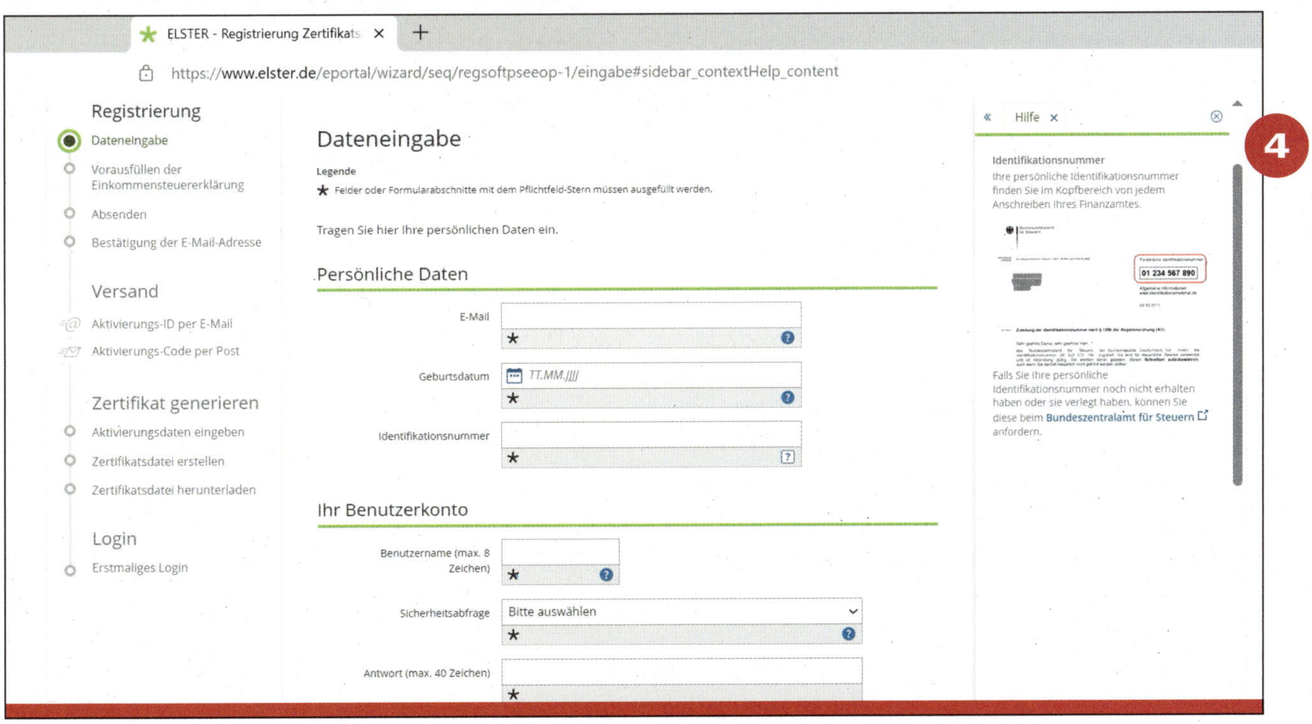

5

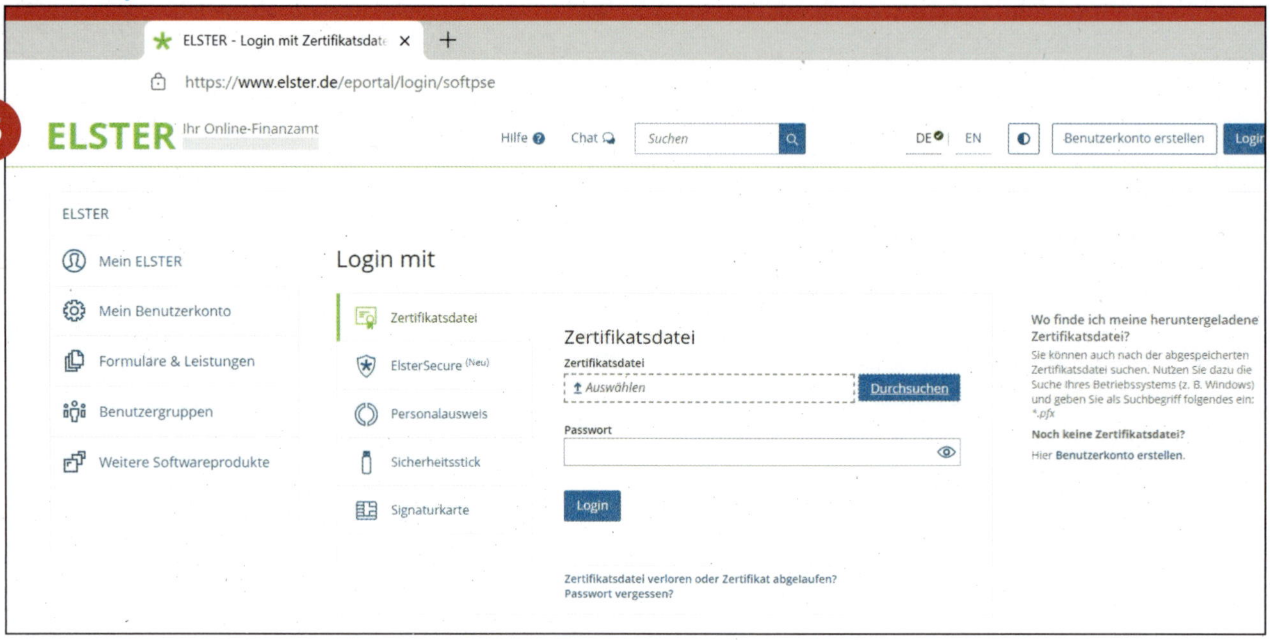

4 Die Registrierung abschließen: Das Finanzamt meldet sich zunächst mit einer Bestätigungs-E-Mail; den Link in dieser E-Mail müssen Sie anklicken, um Ihre E-Mail-Adresse zu verifizieren.

Danach kommt eine zweite E-Mail mit der Aktivierungs-ID. Bitte bewahren Sie diese Mail gut auf. Per Post kommt nach einiger Zeit der Aktivierungs-Code, mit dem Sie die Registrierung abschließen können. Öffnen Sie dazu die Mail mit der Aktivierungs-ID und klicken auf den Link. Im Browser können Sie dann auf der Seite die ID aus der E-Mail und den Code aus dem Brief des Finanzamts eintragen. Nachdem Sie die Daten abgeschickt haben, können Sie auf der nächsten Seite ein individuelles Passwort eingeben. Wenn Sie Ihr Passwort erstellt haben, müssen Sie nur noch Ihre Zertifikatsdatei herunterladen. Ganz wichtig: Speichern Sie diese Datei an einem Ort, den Sie sich gut merken können – vielleicht direkt im Hauptordner Ihrer Buchhaltungsdateien. Mit einem Klick auf „Login“ haben Sie die Registrierung abgeschlossen (Screenshot 5). Prüfen Sie anschließend Ihr gespeichertes Profil, gegebenenfalls können Sie mögliche fehlende Daten ergänzen.

Wenn Sie sich das nächste Mal über die ELSTER-Startseite einloggen, öffnet sich eine Eingabemaske. Dort können Sie über den Button „Durchsuchen“ auf Ihre Zertifikatsdatei zugreifen. Nun einfach Passwort eingeben und einloggen – schon sind Sie auf Ihrer persönlichen „Mein ELSTER“-Seite.

Kleiner allgemeiner Lektüretipp

Das Thema Einkommenssteuer ist ein weites Feld. Die Stiftung Warentest bietet dazu zwei Ratgeber: „Steuererklärung Rentner, Pensionäre“ und „Steuererklärung Angestellte, Beamte“. Beide Titel sind unter test.de/shop erhältlich und werden jährlich aktualisiert. Wir zeigen darin, wie Ruheständlerinnen und Ruheständler oder Arbeitnehmende in vielen Situationen einfach Steuern sparen und das Beste für sich herausholen können. Beide Bücher enthalten ebenfalls einen Leitfaden zur ELSTER-Registrierung.

Weitere Informationen zur Steuererklärung mit ELSTER finden Sie zudem unter test.de/elster.

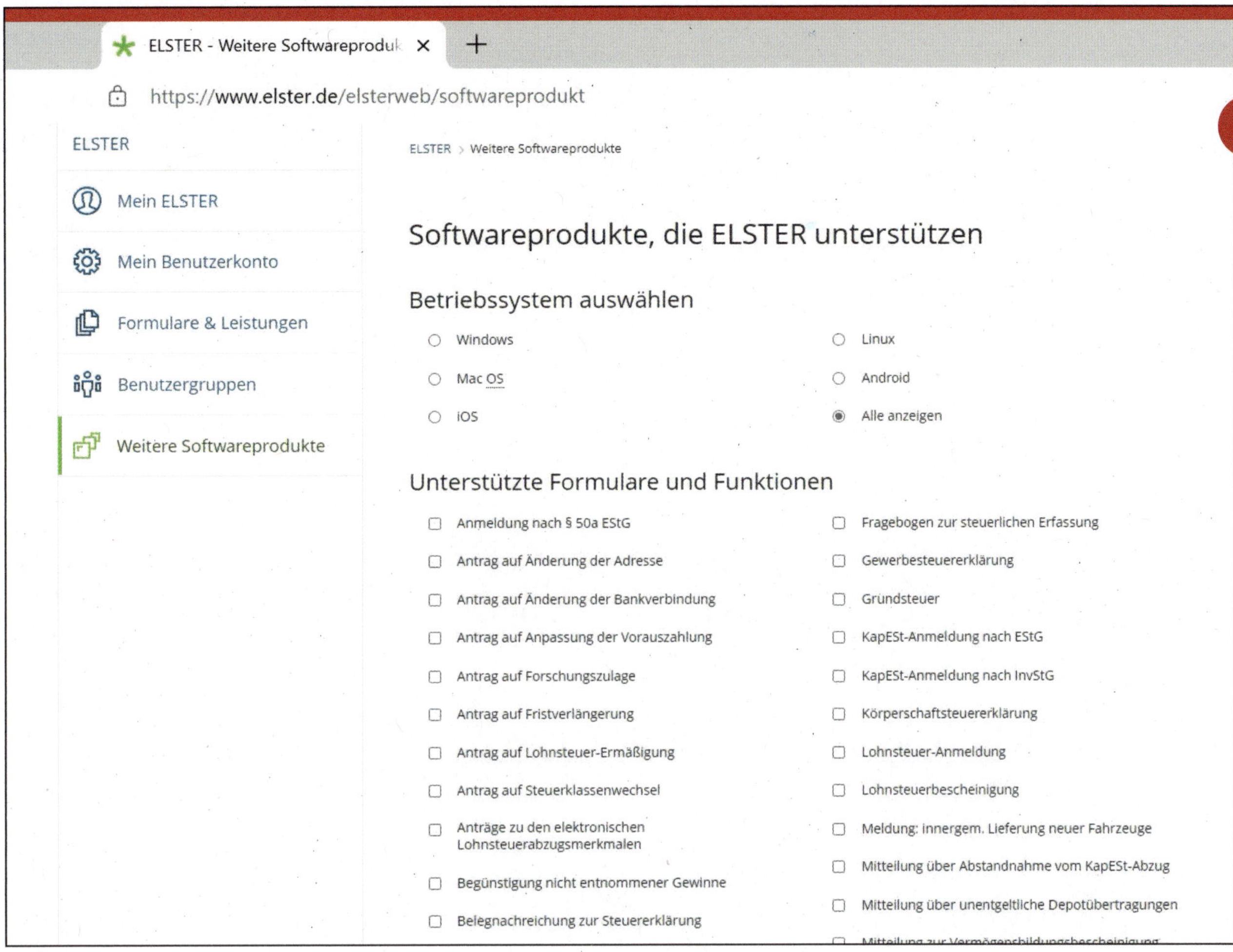

6

5 Andere Software-Lösungen: Wenn Sie sich für eine externe Buchhaltungslösung für Ihre Steuererklärung entscheiden, benötigt dieses Programm eine ELSTER-Schnittstelle, damit die Daten ans Finanzamt übermittelt werden können.

Eine Liste der Softwareprodukte, die dies unterstützen, können Sie auf den Internetseiten von ELSTER einsehen, und zwar im Menüpunkt „Weitere Softwareprodukte". Dort können Sie Ihr Betriebssystem auswählen und die benötigten Formulare ankreuzen (Screenshot 6).

Wenn Sie ausschließlich ELSTER nutzen wollen, stellt Ihnen das Finanzamt die Browser-Lösung Mein ELSTER und die App Mein ELSTER+ zur Verfügung. In der App können Sie Belege erfassen und digital hochladen: Per Texterkennungssoftware, können die Belege von der App gescannt werden. (Das Angebot „einfachELSTER" kommt für Vermieter nicht infrage.)

Steuersoftware im Test

Die Stiftung Warentest hat 31 Steuerprogramme unter die Lupe genommen (4/2024). Sie sollen vor allem Angestellten bei der Einkommensteuererklärung helfen.

Fazit: Im besten Fall bringen die Programme eine höhere Steuererstattung, da sie Hilfestellungen bieten, die in amtlichen Tools und Formularen fehlen. Mehr unter test.de/steuerprogramme.

Optimieren bei Kauf und Bau

Eine vermietete Eigentumswohnung oder ein vermietetes Haus als Goldgrube – das wünschen sich nicht wenige. Und natürlich wäre es toll, dafür dann die ideale Immobilie zu finden plus geeignete Mieter oder Mieterinnen – und schon geht die eigene Steuerlast gegen null, und die Rendite wächst in den Himmel. Leider ist es in der Realität nicht so einfach. Bei Kauf und Bau sind zahlreiche Punkte zu bedenken, steuerlich macht der Gesetzgeber viele feine Unterschiede. Wir zeigen Ihnen, worauf Sie achten müssen und worauf es für eine optimale steuerliche Gestaltung ankommt.

Die Immobilie als Steuersparmodell?

Lassen Sie sich nicht von oberflächlichen Versprechen ködern: Eine gut gewählte und gut vermietete Immobilie ist vieles, aber kein Patentrezept zum Steuernsparen. Steuerliche Faktoren sollten Sie zwar beachten, sie sollten aber nicht den Ausschlag für oder gegen eine Anschaffung geben.

„Die Immobilie als Steueroase", „So optimieren Sie Ihr Kapital" oder schlicht „Die Steuerimmobilie": So und ähnlich lauten verführerische Überschriften und Online-Suchergebnisse, die den Eindruck erwecken, dass im Grunde jede Immobilieninvestition den Blankoscheck zum Steuernsparen liefert. Der Kauf einer Immobilie kann vielen Zwecken dienen, zum Beispiel der Geldanlage oder der Altersvorsorge. Eine solche Entscheidung sollte immer gut durchdacht und geplant sein und kann nur individuell getroffen werden. Ausschließlich aus steuerlichen Gründen sollten Sie jedoch keine Investition angehen, auch nicht den Kauf oder Bau einer Wohnung.

Hier spielen andere Kriterien eine Rolle: die richtige Lage, die langfristige Rendite, ein angedachter späterer Verkauf oder die Selbstnutzung im Alter. Wenn Sie über die Investition in eine Immobilie nachdenken und diese vermieten wollen, sollten Sie diese Einzelheiten mit Ihrem Steuerberater oder Ihrer Steuerberaterin besprechen. Denn eine Wohnung oder ein Haus ist eine erhebliche Anschaffung, und schon allein der Kaufpreis muss steuerlich anteilig über viele Jahre abgeschrieben werden. Sie können sich also nicht darauf verlassen, dass eine mögliche Steuerersparnis Ihre Investition schon wettmacht. Zudem müssen Mieteinkünfte versteuert werden: Die private Vermietung von Eigentumswohnungen, Häusern oder Ferienimmobilien rechnet das Finanzamt zu den Einkunftsarten, die der Einkommensteuer unterliegen (siehe „Einnahmen bei Vermietung", S. 44). Das Gleiche gilt, wenn Sie unbebaute Grundstücke verpachten.

Wie viel Steuern Sie zahlen müssen, hängt immer von Ihrer persönlichen Situation ab. Denn vermutlich haben Sie noch andere Einkünfte, zum Beispiel als Angestellte oder als Selbstständiger. Ob Sie Kinder haben oder für Angehörige sorgen müssen, kann steuerlich ebenso eine Rolle spielen wie die Höhe Ihrer Vorsorgeaufwendungen. Verallgemeinern lässt sich zunächst lediglich der steuerfreie Grundfreibetrag, der sich derzeit auf 12 096 Euro beläuft (Stand: 2025). Für das zu versteuernde Einkommen, das oberhalb des Grundfreibetrags liegt, steigt der Steuersatz schrittweise von 14 auf 45 Prozent. Wie hoch Ihr Steuersatz tatsächlich ist und welchen Einfluss die Einkünfte aus Vermietung und Verpachtung auf Ihre Steuerlast nehmen, hängt also von Ihrer individuellen Situation ab.

Als künftige Vermieterin und künftiger Vermieter stellen Sie vor allem langfristige Aspekte in den Mittelpunkt; die steuerliche Seite allein sollte Ihre Entscheidung nicht beeinflussen. Wenn Sie sich jedoch zum Kauf oder Bau einer Immobilie entschlossen haben und diese vermieten möchten, kann Ihnen detailliertes Wissen über steuerliche Abzugsmöglichkeiten helfen, Ihre Steuersituation optimal zu gestalten und mögliche

Fallstricke zu umgehen. Um alle Vorteile voll zu nutzen und keine teuren Fehler zu begehen, sollten Sie sich im Zweifelsfall immer steuerlich beraten lassen. Gemeinsam finden Sie auch die richtige Strategie für Ihre finanzielle und steuerliche Gestaltung. Wir möchten Sie in den folgenden Kapiteln mit fundiertem Wissen und grundlegenden Tipps unterstützen, damit Sie sich in jeder Hinsicht gut vorbereiten können.

Abschreibung und Verkehrswert

Der Anschaffungspreis oder die Baukosten einer Immobilie werden über viele Jahre steuerlich geltend gemacht. Der Fachbegriff dafür lautet Abschreibung. Hier sind viele komplexe Details zu beachten.

Die Eigentumswohnung ist gekauft, der Kaufvertrag notariell beurkundet – und bei der Vermietung läuft alles nach Plan. Steuerlich stellt sich nun die Frage: Wie wird die Investition in die Immobilie behandelt? Kann ich den kompletten Betrag einfach in meine Steuererklärung einstellen? Und was passiert mit den Darlehen, die ich dafür aufgenommen habe? Die Antwort ist – wie so oft im Steuerrecht – etwas komplex. Denn grundsätzlich gilt, dass das Finanzamt bei einem Gegenstand oder einem Objekt, mit dem Sie steuerlich relevante Einnahmen erzielen, auf den Wert, den Wertverlust und auf die Nutzungsdauer schaut. Wenn Sie ein Objekt – wie eine Immobilie – über viele Jahre nutzen können und dieses mit der Zeit an Wert verliert, müssen Sie die Kosten für den Kauf über mehrere Jahre verteilen. Auf diese Weise wird jedes Jahr ein kleiner Teil der Ausgaben in Ihrer Steuererklärung als Werbungskosten angesetzt.

Der Fachbegriff dafür lautet „Absetzung für Abnutzung" – abgekürzt AfA. Diesen Begriff finden Sie auch in den offiziellen Formularen der Finanzverwaltung, und er meint im Prinzip das Gleiche wie Abschreibung. Abschreiben können Sie nur etwas, das sich entweder durch Gebrauch abnutzt oder mit der Zeit an Wert verliert. Immobilien gehören bei den Abschreibungen zu der Gruppe der unbeweglichen, materiellen Wirtschaftsgüter. In diese Kategorie gehören Gebäude, selbstständige Gebäudeteile, Ladeneinbauten, die Pflasterung der Garageneinfahrt oder auch Gartenanlagen.

Da das Finanzamt davon ausgeht, dass Grund und Boden weder an Wert verlieren noch sich abnutzen, dürfen Sie die auf das Grundstück entfallenden Anschaffungskosten nicht abschreiben. Das bedeutet, dass Sie den Kaufpreis für die Immobilie aufteilen müssen – in einen Wert für das Grundstück und in einen Betrag für das Gebäude. Detaillierte Vorgaben, wie diese Aufteilung vorgenommen werden muss, gibt es im Prinzip nicht.

Wenn Sie gebaut haben, fällt die Aufteilung meist leicht, weil die Grundstückspreise bekannt und aktuell sind. Anders ist es bei

Immobilien aus dem Bestand: Entweder Sie haben – beispielsweise für die Finanzierung – bereits ein Gutachten erstellen lassen, dann können Sie hieraus den Verkehrswert für das Grundstück übernehmen. Oder aber der Anteil für Grund und Boden ist im Kaufvertrag hinterlegt. Auch darauf dürfen Sie sich beziehen, wenn die Kaufpreisaufteilung nicht realitätsfern ist.

Ist weder das eine noch das andere der Fall, müssen Sie den Kaufpreis selbst aufteilen. Sie können die Aufteilung durch ein Gutachten eines zertifizierten Sachverständigen belegen oder die Arbeitshilfe zur „Kaufpreisaufteilung" von Ihrem Finanzamt nutzen (siehe „Arbeitshilfe", S. 23). Darin sind die durchschnittlichen Quadratmeterpreise für unbebaute Grundstücke aufgeführt. Die Zahlen erhalten Sie über die Gutachterausschüsse der einzelnen Bundesländer.

Praxistipp: BORIS-D ist ein Gemeinschaftsprojekt mehrerer Bundesländer, um ein übergreifendes Bodenrichtwertinformationssystem für Deutschland zu etablieren. Unter bodenrichtwerte-boris.de erhalten Sie einen ersten Überblick über die betreffenden Werte – allerdings nicht aus jedem Bundesland. Zudem sind offizielle Auskünfte den Landesportalen der Gutachterausschüsse vorbehalten. Eine Übersicht über die Online-Portale finden Sie ebenfalls auf BORIS-D.

INFO

Erben und weitervermieten

Und was ist, wenn Sie eine Wohnung oder ein Haus geerbt haben und Sie die Immobile vermieten möchten?

In einem solchen Fall haben Sie naturgemäß keine Anschaffungskosten, die Sie abschreiben können. Allerdings müssen Sie trotzdem Gebühren für die Grundbuchumschreibung bezahlen sowie gegebenenfalls für juristische Beratung. Und später möchten Sie möglicherweise in die geerbte Immobilie investieren. Der Bundesfinanzhof (BFH) hat schon vor mehreren Jahren entschieden, dass derartige Ausgaben als Anschaffungskosten geltend gemacht werden können. Voraussetzung ist immer: Sie wollen das Objekt auch weiterhin vermieten.

Da bei einer geerbten Immobilie besonders genau hingeschaut werden muss, welche Kosten angesetzt werden können und welche nicht, sollten Sie sich von einem Steuerprofi beraten lassen.

Keine Aufteilung nach eigenem Geschmack

Wenn im Kaufvertrag bereits eine Aufteilung vorgenommen worden ist, übernimmt die Finanzverwaltung diese in aller Regel. Voraussetzung: Es handelt sich um eine übliche Aufteilung, beispielsweise auf Basis der Bodenrichtwerte. Die Kaufpreisaufteilung auf Gebäude und Grund und Boden ist laut ständiger Rechtsprechung des Bundesfinanzhofs Basis für die Besteuerung.

Allerdings gibt es Ausnahmen, wie das Finanzgericht Münster vor einiger Zeit entschied (Az. 8 K 2748/20 E): wenn es Anhaltspunkte dafür gibt, dass der Kaufpreis nur zum Schein bestimmt worden ist, um „die Voraussetzungen eines Gestaltungsmissbrauchs" zu schaffen – sprich um den Abschreibungsanteil für das Gebäude zu erhöhen. So darf der Wert für das Grundstück keine wesentliche Diskrepanz zu den Bodenrichtwerten aufweisen; der vertraglich angesetzte Bodenwert darf also den realen Bodenwert nicht „sehr erheblich" unterschreiten. Eine Diskrepanz von rund 15 Prozent wird in aller Regel akzeptiert.

Der Verkehrswert

Erscheint dem Finanzamt Ihre Kaufpreisaufteilung unangemessen, dann teilt es die Anschaffungskosten auf Basis der Verkehrswerte für das Grundstück und für das Gebäude auf.

Der Verkehrswert ist laut Baugesetzbuch der Marktwert. Dieser wird laut BauGB (§ 194) *„durch den Preis bestimmt, der in dem Zeitpunkt, auf den sich die Ermittlung bezieht, im gewöhnlichen Geschäftsverkehr nach den rechtlichen Gegebenheiten und tatsächlichen Eigenschaften, der sonstigen Beschaffenheit und der Lage des Grundstücks oder des sonstigen Gegenstands der Wertermittlung ohne Rücksicht auf ungewöhnliche oder persönliche Verhältnisse zu erzielen wäre"*.

Der Verkehrswert ist also ein Schätzwert, der sich auf einen bestimmten Stichtag bezieht. Das Finanzamt darf diesen Wert nicht willkürlich festlegen, sondern muss sich an den rechtlichen Rahmen halten sowie am Objekt und an den Marktbedingungen orientieren. Bei der Bewertung von Grund und Boden richtet sich die Finanzverwaltung nach den Bodenrichtwerten der Gutachterausschüsse.

Praxistipp: Sie müssen sich mit dem Bodenwert, den das Finanzamt vorschlägt, nicht abfinden. Zunächst einmal sollten Sie sicherstellen, dass die zeitlich korrekten Werte gewählt wurden – hier ist das Jahr entscheidend, in dem Sie den Kaufvertrag geschlossen haben.

Falls bestimmte Gegebenheiten vor Ort den Wert Ihres Grundstücks mindern, sollten Sie diese ebenfalls anführen, um so den Bodenwert für Ihr Grundstück zu reduzieren.

Denn grundsätzlich ist der Bodenrichtwert zwar für alle Grundstücke in der entsprechenden Bodenrichtwertzone bindend. Spezielle besondere Umstände, die nur für Ihr Grundstück zutreffen, können den Wert im Einzelfall jedoch mindern. Den Nachweis müssen Sie führen.

UNSER RAT

Arbeitshilfe Kaufpreisaufteilung

Nicht bindend: Der Gesamtkaufpreis für ein bebautes Grundstück ist laut Rechtsprechung nach dem Verhältnis der Verkehrswerte (oder Teilwerte) auf das Grundstück und das Gebäude aufzuteilen (siehe „Der Verkehrswert" links). Für diese Aufteilung stellt das Bundesfinanzministerium eine Arbeitshilfe bereit; allerdings müssen Sie diese nicht anwenden. Der Bundesfinanzhof hat bereits vor mehreren Jahren entschieden, dass diese Arbeitshilfe keinen Rechtsnormcharakter hat und damit weder für die Steuerpflichtigen noch für die Finanzverwaltung bindend ist.

Zur Orientierung: Die Arbeitshilfe dient also vor allem als Anhaltspunkt und Hilfsmittel, eine eigene Aufteilung vorzunehmen oder eine vorhandene Aufteilung zu überprüfen. Sie können sie auch nutzen, bevor Sie den Kaufvertrag abschließen, um die Aufteilung dort gegebenenfalls anzupassen. (Arbeitshilfe unter bundesfinanzministerium.de, Suche „Kaufpreisaufteilung".)

Ein Beispiel: Sie haben ein Reiheneckhaus in einem Neubaugebiet erworben. Unmittelbar an Ihr Grundstück grenzt ein bislang ungenutztes Baugrundstück, das nun von einem mittelständischen Schreinereibetrieb gekauft wurde. Die Firma errichtet zwei größere, meist offen stehende Hallen und ein Lager; durch die Arbeit beim Sägen, Hobeln und Schleifen entsteht durch die direkte Nachbarschaft zum Betrieb eine größere Lärmbelästigung als bei den benachbarten Reihenhäusern. Die ungünstige Nachbarschaftsbebauung können Sie zum Anlass nehmen, den Bodenrichtwert für Ihr Grundstück zu mindern. Wie hoch der Abschlag beim Bodenrichtwert sein kann, können Sie gegebenenfalls mithilfe eines Gutachters ermitteln. Prüfen Sie jedoch vorab, ob sich die Kosten für den Gutachter im Vergleich zur Steuerersparnis rechnen.

Die Finanzverwaltung darf im Anschluss an die Bewertung von Grund und Boden nicht einfach hingehen und den verbleibenden Wertanteil dem Gebäude zuschlagen. Diese sogenannte Restwertmethode hat der Bundesfinanzhof verworfen, und sie ist auch in der Arbeitshilfe des Bundesfinanzministeriums explizit ausgeschlossen. Nach höchstrichterlicher Rechtsprechung kann die Aufteilung von Grund und Boden und Gebäude anhand von drei Verfahren vorgenommen werden (siehe Grafik S. 26/27).

→ Vergleichswertverfahren
→ Ertragswertverfahren
→ Sachwertverfahren

Sie sind bei der Entscheidung, welches Verfahren Sie wählen, grundsätzlich frei, allerdings müssen Sie beim Finanzamt Ihre Wahl begründen.

Beginn und Ende der Abschreibung

Der Zeitpunkt, zu dem Sie mit der Abschreibung Ihrer Wohnung oder Ihres Hauses beginnen können, hängt davon ab, ob Sie neu gebaut oder aus dem Bestand gekauft haben. Wichtig ist, dass die Immobilie gebrauchsfähig ist – und Sie darüber verfügen können. Bei einem Neubau ist das bei Fertigstellung und Abnahme der Fall, diesen Zeitpunkt sollten Sie dokumentieren. Das ist beispielsweise mit der sogenannten Fertigstellungsanzeige möglich, die Ihnen der Bauunternehmer nach Abschluss aller Leistungen zukommen lässt und die Sie für den behördlichen Abschluss des Bauverfahrens benötigen. Bei einer Bestandsimmobilie finden Sie in Ihrem Kaufvertrag einen Termin, der den „Übergang von Nutzen, Lasten und Gefahren" festhält. Ab diesem Zeitpunkt können Sie Ihre neu erworbene Immobilie abschreiben.

In der Regel wird der Zeitpunkt der Gebrauchsfähigkeit beziehungsweise des Gefahrenübergangs nicht der 1. Januar eines Jahres sein. Daher unterscheiden sich die Beträge, die Sie im ersten und letzten Jahr abschreiben, von denen, die Sie in den anderen Jahren absetzen. Zur Vereinfachung gilt: Ein Tag Gebrauchsfähigkeit ist ausreichend, um die volle Monatsabschreibung geltend zu machen. Die Abschreibung endet, wenn die Immobilie auf null Euro abgeschrieben ist – oder Sie die Wohnung verkauft haben oder selbst nutzen, Sie mit der Immobilie also keine Einkünfte mehr erzielen wollen.

Linear oder degressiv?

Das Grundprinzip der Abschreibung ist, dass Sie die Anschaffungskosten für das Gebäude auf die Nutzungsdauer verteilen. Den jährlichen Anteil der Abschreibung können Sie sich allerdings nicht aussuchen; dieser ist prozentual festgelegt und hängt vom Baujahr der Immobilie ab. Zudem gibt es unterschiedliche Methoden der Abschreibung. Der Klassiker ist die lineare Abschreibung. Linear bedeutet: Ihre Anschaffungskosten werden gleichmäßig über die voraussichtliche Nutzungsdauer verteilt. Hier gibt es drei Abschreibungskategorien bezüglich des Baujahrs des Gebäudes:

→ Immobilien, die vor dem 1. Januar 1925 errichtet wurden, können mit einem Prozentsatz von 2,5 Prozent über 40 Jahre abgeschrieben werden.

→ Gebäude, die zwischen dem 31. Dezember 1924 und dem 31. Dezember 2022 gebaut wurden, können mit einem Satz von 2 Prozent auf 50 Jahre abgeschrieben werden.

→ Alle Gebäude, die nach dem 31. Dezember 2022 fertiggestellt wurden, können mit einem Satz von 3 Prozent über 33 Jahre und vier Monate abgeschrieben werden.

Die degressive Abschreibung (AfA) sorgt dafür, dass sich Investitionen noch mehr lohnen

Entwicklung an einem Beispiel mit 400 000 Euro Investitionskosten.

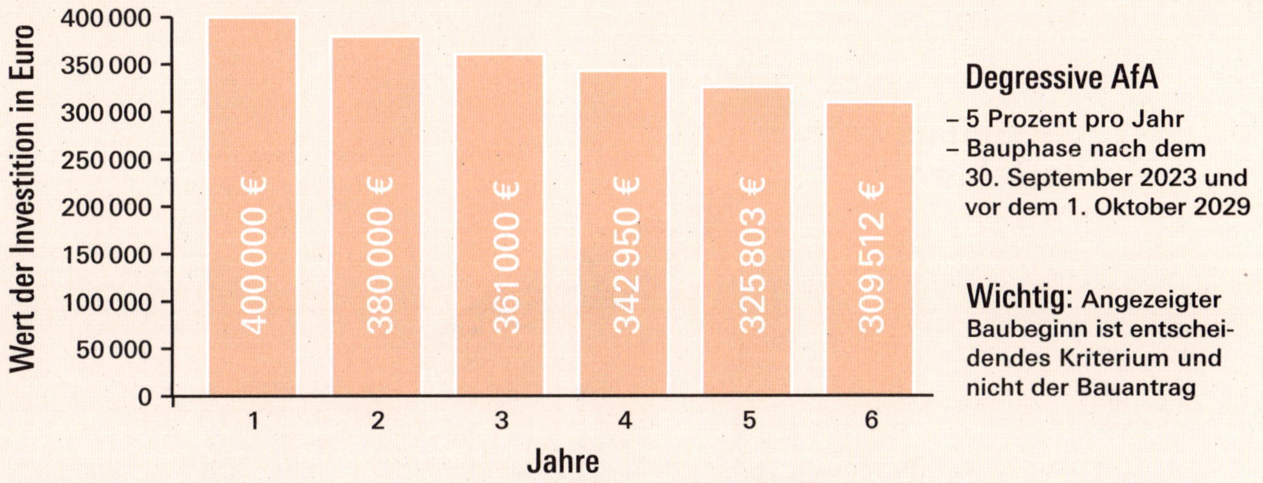

Ein Beispiel: Luisa hat im Jahr 2022 eine Eigentumswohnung für 150 000 Euro gekauft. Auf Grund und Boden entfallen 30 000 Euro. Die Bemessungsgrundlage für die lineare Abschreibung beläuft sich damit auf 150 000 abzüglich 30 000 Euro, also 120 000 Euro. Da das Gebäude zwischen dem 31. Dezember 1924 und dem 31. Dezember 2022 errichtet wurde, beträgt der Prozentsatz für die lineare Abschreibung 2 Prozent. Damit ergibt sich ein jährlicher Abschreibungsbetrag von 2 400 Euro (2 Prozent von 120 000 Euro).

Laut Kaufvertrag ist der Übergang von Nutzen, Lasten und Gefahren auf den 11. März 2022 datiert. Damit kann Luisa im betreffenden Jahr die Abschreibung lediglich für die Monate März bis Dezember geltend machen – also für zehn Monate. Der Jahresbetrag von 2 400 Euro für die Abschreibung im ersten Jahr mindert sich daher auf 2 000 Euro; ab 2023 kann Luisa jährlich eine Summe von 2 400 Euro als linearen Abschreibungsbetrag in die Steuererklärung eintragen.

Abschreibung reloaded

Übrigens: Ganz gleich, wie weit die Immobilie bereits von Vorbesitzern abgeschrieben war – bei jedem Käufer, jeder Käuferin beginnt der Abschreibungszeitraum neu zu laufen. Das gilt auch dann, wenn die vorherige Eigentümerin oder der vorherige Eigentümer die Wohnung oder das Haus bereits vollständig abgeschrieben hatte.

Was genau passiert bei der degressiven Abschreibung?

Die degressive Abschreibung ist eine „fallende" Abschreibung. Und das funktioniert so: Der Prozentsatz bei dieser Form der Abschreibung bleibt zunächst einmal jedes Jahr gleich, aber der Bemessungsbetrag wird jedes Jahr kleiner. Denn hier wird vom jeweiligen Buchwert ausgegangen, sprich von dem, was vom Wert noch übrig ist. Dadurch ist der jährliche Abschreibungsanteil

So bewertet das Finanzamt

Für die Aufteilung des Kaufpreises auf Grund und Boden und Gebäude gibt es drei Verfahren.

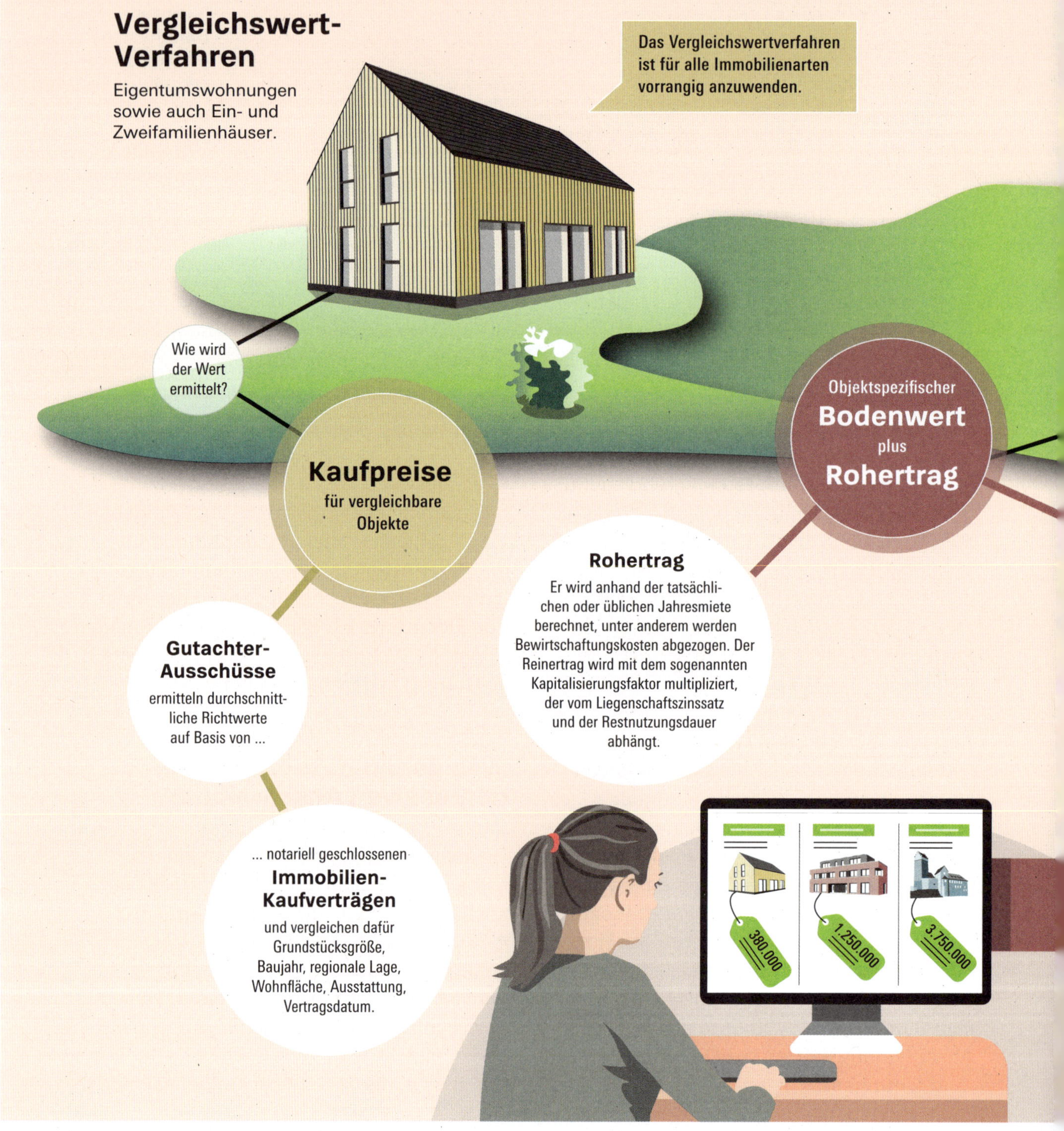

Sachwert-Verfahren

Ein- und Zweifamilienhäuser sowie andere Immobilien, bei denen Vergleichswerte und übliche Mieten nicht vorliegen, weil sie beispielsweise in ländlichen Gebieten liegen oder außergewöhnlich sind wie Bauernhöfe, Villen oder Burgen.

Ertragswert-Verfahren

Insbesondere Mehrfamilien- und Geschäftshäuser sowie Gewerbeimmobilien.

Bodenwert plus **Gebäude-Sachwert**

Bodenwert

Gibt den Wert eines unbebauten oder fiktiv freigelegten Grundstücks an. Er berechnet sich aus Bodenrichtwert mal Grundstückfläche in Quadratmetern.

Gebäude-Sachwert

Um den Gebäudesachwert zu ermitteln, werden die Herstellungskosten für einen fiktiven Neubau der bestehenden Immobilie ermittelt. Von diesen Kosten wird die sogenannte Alterswertminderung abgezogen und anschließend der Bodenwert des Grundstücks hinzugerechnet.

Faktor

Der Wert wird durch den sogenannten Marktanpassungsfaktor an den Immobilienmarkt angepasst.

Finanzamt

bestimmt den Wert.

in den ersten Jahren hoch und wird dann immer niedriger.

Ein Beispiel: Sie haben im Jahr 2024 eine Wohnung in einem neu errichteten Gebäude gekauft. Der Kaufpreis für den Gebäudeanteil belief sich – nach Abzug für den Anteil für Grund und Boden – auf 400 000 Euro. Sie wollen in Ihrer Steuererklärung die wieder eingeführte degressive Abschreibung nutzen. Im ersten vollen Jahr können Sie damit 5 Prozent der Investitionskosten steuerlich abschreiben. Das sind 20 000 Euro.

Damit bleiben für das nächste Jahr als Bemessungsgrundlage 380 000 Euro Restwert. Sie können im nächsten Jahr also 19 000 Euro abschreiben (5 Prozent von 380 000 Euro). Innerhalb von sechs Jahren können Sie somit 106 000 Euro als degressive AfA steuerlich geltend machen.

Die degressive Abschreibung war für Eigentümer und Vermieter eigentlich seit längerer Zeit abgeschafft. Das Wachstumschancengesetz hat jedoch befristet die degressive Abschreibung wieder eingeführt, damit will der Gesetzgeber Investitionsanreize für den Wohnungsbau schaffen. Die Möglichkeit der degressiven Abschreibung gibt es zu folgenden Bedingungen:

- Das Gebäude wurde beziehungsweise wird zwischen dem 1. Oktober 2023 und dem 30. September 2029 fertiggestellt; es muss sich also um einen Neubau handeln.
- Der Abschreibungssatz beträgt 5 Prozent pro Jahr.
- Ein Wechsel zur linearen Abschreibung ist jederzeit möglich.
- Die neue degressive Abschreibung kann mit der Sonderabschreibung kombiniert werden (siehe auch S. 34).

Die degressive Abschreibung hat den Vorteil, dass die Steuerlast für Vermieter schneller sinkt. Sie bietet durch die allmählich fallenden Abschreibungsbeträge besonders in den ersten Jahren der Investition erhebliche Steuerersparnisse. Wer durch eine kurzfristige Steuerentlastung Liquidität benötigt – etwa, um in die Immobilie zu investieren oder den Kredit schneller zu tilgen –, sollte auf die degressive Abschreibung setzen. Da diese nur für einen bestimmten Kreis von Immobilieneigentümern zur Verfügung steht, stellt sich allerdings in vielen Fällen diese Frage gar nicht.

Praxistipp: Der Wechsel von einer degressiven zur linearen Abschreibung ist dann sinnvoll, wenn die lineare Abschreibung höher ist als die verbliebene degressive Abschreibung.

Einen solchen Wechsel müssen Sie gut durchrechnen. Wenn Sie sich entscheiden, von der degressiven zur linearen Abschreibung zu wechseln, bemisst sich die weitere Abschreibungsrate zum einen nach dem Restwert, zum anderen nach dem Prozentsatz, der sich aus der linearen Verteilung auf die Restnutzungsdauer errechnet. Da es sich um einen Neubau und damit um ein Gebäude handelt, das nach dem 31. Dezember 2022 errichtet worden ist, dürfen Sie von einer Gesamtnutzungsdauer von rund 33 Jahren ausgehen.

Wann sich der Wechsel lohnt, ist damit in der Regel über die Restnutzungsdauer zu bestimmen. Nach zehn Jahren beträgt die Restnutzung 23 Jahre – daraus ermittelt sich ein Prozentsatz für die Abschreibung von rund 4,3 Prozent. Nach 13 Jahren zieht der lineare AfA-Satz mit dem Abschreibungssatz für die degressive Variante gleich und liegt bei 5 Prozent. Wenn Sie wechseln wollen, könnte daher das 14. Jahr der richtige Zeitpunkt für den Beginn der linearen Abschreibung sein. Ob und wann der Wechsel zur linearen AfA sinnvoll ist, sollten Sie im Zweifelsfall mit der Steuerberaterin oder dem Steuerberater klären.

ABC der Anschaffungs- und Herstellungskosten

Mit dem Kaufpreis ist es nicht getan. Auch andere Aufwendungen gehören zu den Anschaffungskosten – oder beim Neubau zu den Herstellungskosten – und lassen sich abschreiben. Wir sagen Ihnen, was alles dazugehört.

Um die Abschreibung einer Immobilie zu berechnen, werden Anschaffungs- und Herstellungskosten zugrunde gelegt. Diese Aufwendungen sind der Ausgangspunkt für Ihre Berechnungen der Abschreibung. Im Handelsgesetzbuch sind die Anschaffungs- und Herstellungskosten im Handelsrecht definiert. Dort heißt es: *„Anschaffungskosten sind die Aufwendungen, die geleistet werden, um einen Vermögensgegenstand zu erwerben und ihn in einen betriebsbereiten Zustand zu versetzen, soweit sie dem Vermögensgegenstand einzeln zugeordnet werden können. Zu den Anschaffungskosten gehören auch die Nebenkosten sowie die nachträglichen Anschaffungskosten."*

Die Anschaffungskosten einer Immobilie sind also der Kaufpreis für eine Wohnung oder ein Haus sowie die dazugehörigen Nebenkosten. Die Klassiker sind die Rechnungen vom Notar und Makler im Zusammenhang mit dem Kauf oder die Kosten für das Amtsgericht, um die Eintragung in das Grundbuch vorzunehmen.

„Herstellungskosten sind die Aufwendungen, die durch den Verbrauch von Gütern und die Inanspruchnahme von Diensten für die Herstellung eines Vermögensgegenstands, seine Erweiterung oder für eine über seinen ursprünglichen Zustand hinausgehende wesentliche Verbesserung entstehen."

Herstellungskosten haben Sie, wenn Sie auf einem Grundstück selbst bauen – also Bauherr sind. Zu den Herstellungskosten des Gebäudes gehören alle Material- und Lohnkosten, die beim Bau entstehen.

Selbst gebaut oder nicht?

Es macht einen Unterschied, ob Sie selbst von Anfang an einen Bau planerisch begleiten oder eine schlüsselfertige Immobilie kaufen. Dies gilt auch dann, wenn der Bauträger diese noch fertigstellen muss. Wenn Sie ein Grundstück erwerben, dann einen Architekten und Handwerker mit dem individuellen Bau eines Gebäudes beauftragen und das Projekt begleiten, sind Sie Bauherr. Mit der Folge, dass die Aufwendungen als Herstellungskosten eingestuft werden. Wenn Sie jedoch einem Bauträger eine neue, gegebenenfalls noch zu bauende Immobilie abkaufen, wird die Kaufsumme als Anschaffungskosten eingeordnet.

Dazu kommen noch diverse andere Aufwendungen, die Sie Ihren tatsächlichen Anschaffungs- beziehungsweise Herstellungskosten hinzurechnen müssen. Die Summe dieser Kosten, die auf das Gebäude entfallen, muss abgeschrieben werden (siehe „Abschreibung und Verkehrswert", S. 21).

Auch beim Preis für den unbebauten Grund und Boden gibt es Nebenkosten – diese sind, da sie zu den Grundstückskosten gehören, nicht abschreibungsfähig. Dazu zählen beispielsweise folgende Aufwendungen: die Grunderwerbssteuer, die Gebühren des Grundbuchamts, Notarkosten für den Kaufvertrag für das unbebaute Grundstück, eventuell Maklergebühren sowie Telefon- und Fahrtkosten.

Herstellungskosten können nicht nur zu Beginn der Immobilieninvestition entstehen. Laut Einkommenssteuergesetz gehören auch solche Aufwendungen zu den Herstellungskosten, wenn sie innerhalb von drei Jahren nach Anschaffung des Gebäudes vorgenommen werden und 15 Prozent der Anschaffungskosten übersteigen. Dann handelt es sich um sogenannte anschaffungsnahe Herstellungskosten. Diese Aufwendungen müssen den Anschaffungskosten Ihrer Immobilie zugerechnet und über die Jahre abgeschrieben werden (mehr zu den Gestaltungsspielräumen dabei siehe auch „Erhaltungsaufwand oder Herstellungskosten", S. 53).

Die folgende Checkliste gibt Ihnen einen alphabetischen Gesamtüberblick. Im Formularteil (ab S. 103) finden Sie zudem eine Musterrechnung, die Ihnen eine Übersicht über die Summe Ihrer Anschaffungs- und Herstellungskosten verschaffen kann.

CHECKLISTE

Anschaffungs- und Herstellungskosten von A bis Z

Sowohl bei den Anschaffungs- als auch bei den Herstellungskosten tauchen immer wieder ähnliche Ausgaben auf. Damit Sie keinen Kostenpunkt vergessen, haben wir für Sie eine gemeinsame Checkliste zusammengestellt – wobei nicht bei jeder Immobilie jede genannte Ausgabe anfällt.

- ☐ **Anwalts- und Gerichtskosten:** Streit mit Handwerkern oder Architekten ist unangenehm, aber nicht selten. Müssen Sie rechtliche Schritte einleiten, zählen diese Ausgaben zu den Herstellungskosten Ihres Bauprojekts.
- ☐ **Bauphase:** Alle Ausgaben im Zusammenhang mit den Bauarbeiten – ob Rechnungen für Material oder Handwerker, Berechnungen des Architekten oder Essen und Getränke für die Handwerker auf der Baustelle – zählen zu den Herstellungskosten.
- ☐ **Böden und Decken:** Ausgaben für Deckenvertäfelungen und Fußböden sind Herstellungskosten, die voll dem Gebäude zugeordnet werden, vorausgesetzt, die Böden sind entweder lose auf Beton oder Estrich verlegt oder durchgehend verklebt.
- ☐ **Carport und Garage:** Die Kosten dafür müssen abgeschrieben werden, egal, ob der überdachte Stellplatz oder die Garage mit dem Gebäude baulich verbunden ist.
- ☐ **Erschließungskosten:** Hier müssen Sie trennen zwischen den Kosten für Strom-, Gas- und Abwasseranschlüsse des Hauses und den Anschlussgebühren, um ein Grundstück erstmalig zu erschließen. Die erstgenannten Aufwendungen gehören zu den Herstellungskosten (abschreibbar), die letztgenannten zu den Ausgaben für Grund und Boden (nicht abschreibbar).
- ☐ **Fahrtkosten:** Ob im Zusammenhang mit dem Kauf einer Immobilie oder mit dem Bau eines Gebäudes: Fahrtkosten können anfallen. Diese werden den Anschaffungs- bzw. den Herstellungskosten zugerechnet. Beim Kauf betrifft dies vor allem die Fahrten zur Besichtigung oder zum Notartermin, beim Bau etwa die Fahrten zur Baustelle oder zu Behörden. Praxistipp: In der Regel hat das Finanzamt jedoch nichts dagegen, wenn auch diese Fahrtkosten bei den Werbungskosten aufgelistet sind.

- [ ] **Grunderwerbssteuer:** Haben Sie eine Eigentumswohnung oder ein bebautes Grundstück gekauft, zählt die Grunderwerbssteuer zu den anteiligen entsprechenden Anschaffungskosten und ist abschreibbar. Bauen Sie jedoch und haben dafür ein Grundstück erworben, gehört die Grunderwerbssteuer zu den Anschaffungskosten für Grund und Boden – und ist somit nicht abschreibbar.
- [ ] **Honorar für Architekt:** Nebenkosten des Baus wie das Architektenhonorar oder andere Gebühren sind Herstellungskosten.
- [ ] **Installationen:** Alle fest verbauten Installationen für Elektrik, Heizungsanlage, Wasser und die dazugehörigen Geräte gehören zu den Herstellungskosten.
- [ ] **Jalousien und Markisen:** Gleich, ob Außenjalousien und Markisen direkt beim Bau oder nachträglich verbaut werden: Die Ausgaben werden grundsätzlich den Herstellungskosten zugerechnet.
- [ ] **Küche:** Bei Herd, Spüle und Co. hat sich die Betrachtungsweise in den vergangenen Jahren geändert. Früher wurden die Bestandteile der Einbauküche als Teil des Gebäudes den Herstellungskosten zugeschlagen, da sie in der Regel fest mit der Immobilie verbunden waren. Diese Einstufung hat sich geändert: Inzwischen gilt die Einbauküche als eigenständiges Wirtschaftsgut, das über zehn Jahre abzuschreiben ist. Unklar ist aber, wie moderne freistehende Elemente behandelt werden. Da es hier bislang keine höchstrichterliche Rechtsprechung gibt, können diese als eigenständige Wirtschaftsgüter behandelt werden.
- [ ] **Löschungsvormerkung/Löschungsbewilligung:** Im Grundbuch sind möglicherweise noch Grundschulden des Vorbesitzers eingetragen. Um diese in Abteilung III des Grundbuchs eingetragenen Rechte löschen zu lassen, werden Gebühren erhoben.
- [ ] **Maklerprovision:** Die Ausgaben für einen Makler, den Sie beauftragt haben, gehören zu den Anschaffungskosten, aber nur die Aufwendungen für die tatsächlich erworbene Immobilie.
- [ ] **Notarkosten:** Kaufverträge im Zusammenhang mit Immobilien müssen notariell beurkundet werden. Die Kosten für die Beurkundung sowie die Tätigkeiten des Notars im Zusammenhang mit dem Gebäude zählen zu den Anschaffungs- beziehungsweise Herstellungskosten.
- [ ] **Ofen, Heizungsanlage:** Kosten für die Installation einer Heizungsanlage sind Herstellungskosten der Immobilie.
- [ ] **Richtfest:** Der Bau schreitet voran und man hat schon viel geschafft: Sie wollen dies per Richtfest feiern. Die Ausgaben dafür gehören zu den Herstellungskosten.
- [ ] **Schätzkosten:** Hat ein Gutachter die Immobilie geschätzt, zählen die Aufwendungen zu den Anschaffungskosten.
- [ ] **Telefonkosten:** Die Ausgaben für sämtliche Telefonate im Zusammenhang mit dem Kauf oder Bau Ihrer Immobilie werden den Anschaffungs- beziehungsweise Herstellungskosten zugeschlagen.
- [ ] **Umsatzsteuer:** Die Umsatzsteuer, landläufig Mehrwertsteuer, die Ihnen Handwerker in Rechnung stellen, gehört zu den Herstellungskosten – es sei denn, Sie sind selbst vorsteuerabzugsberechtigt.

Sonderfall Zuschüsse: Je nachdem, wo oder wie Sie bauen, können Sie Zuschüsse aus öffentlichen Mitteln erhalten. Diese mindern Ihre Herstellungskosten. Sie müssen also, wenn die Summe Ihrer Herstellungskosten feststeht, mögliche Zuschüsse davon abziehen.

Besonderheiten bei Stellplätzen und Garagen

Umsatzsteuerpflichtig oder nicht? Das ist die Frage, die sich bei der Vermietung von Stellplätzen und Garagen stellt.

Wer keine sechsstelligen Beträge aufbringen oder ein langfristiges Bankdarlehen beantragen möchte, um eine Immobilie zu finanzieren, kann auch mit weniger Geld ins Vermietungsgeschäft einsteigen: Eine Garage oder ein Stellplatz in einer Tiefgarage ist dann womöglich die geeignete Anlage. Denn gerade in Großstädten sind Stellplätze Mangelware. Zwar gibt es in vielen Stadtvierteln bereits Anwohnerparken. Jedoch müssen hierfür jährlich Gebühren an die Kommune entrichtet werden – und eine Parkplatzgarantie wird beim Bewohnerparkausweis nicht mitgeliefert. Vor allem am Abend und am Wochenende ziehen Anwohner mit ihren Autos über lange Zeit Kreise durch die Straßen, bis sie endlich einen Parkplatz entdecken – meist weit entfernt von ihrer Wohnung.

Weniger Aufwand und Risiko

Ein Stellplatz in einer Tiefgarage ist – je nach Stadt und Lage – im Schnitt für einen Kaufpreis zwischen 20 000 und 40 000 Euro zu haben; für Elektro-Stellplätze muss noch etwas draufgelegt werden, allerdings sind diese auch für mehr Geld zu vermieten.

Immer öfter werden mehrere Stellplätze im Paket angeboten, diese liegen in den begehrten Großstadtlagen knapp unter 100 000 Euro. Klassische Garagen sind eher in Randbezirken oder auf dem Land zu finden, oft auch in Kombination mit Möglichkeiten für Lagerstätten. Diese Preise für Garagen und Stellplätze sind absolut gesehen im Vergleich mit einer Immobilieninvestition zwar eher erschwinglich, allerdings ist das Angebot auch wesentlich kleiner. Hat man jedoch das richtige Angebot gefunden, kann ein Stellplatz oder eine Garage eine interessante Alternative zur Vermietung einer Immobilie sein. Denn neben den geringeren Kosten ist das Vermieten eines Stellplatzes auch weniger arbeitsintensiv, und wer gleich in mehrere Plätze in Tiefgaragen investiert, streut zudem sein Investitionsrisiko. Ein möglicher Leerstand geht nicht so sehr ins Geld wie eine leer stehende Mietwohnung, darüber hinaus ist die Garage angesichts des hohen Bedarfs an Parkraum meist schnell wieder vermietet. Aber genau wie bei einer Immobilie gilt auch bei Stellplätzen das alte Sprichwort: Lage, Lage, Lage. Wenn in der Umgebung genug freie Parkplätze vorhanden sind oder die Häuser über eigene Tiefgaragen verfügen, ist dies möglicherweise nicht die richtige Investition. Dagegen sind bewachte Stellplätze und Garagen in überlaufenen Innenstadtlagen attraktiv für eine Vermietung.

In der alltäglichen Vermietungsroutine sind Garagen und Stellplätze einfacher zu handhaben; Steuern sind jedoch auch hier fällig. Zunächst einmal muss beim Kauf Grunderwerbsteuer gezahlt werden, ebenso wird der Kauf mit einem eigenen Grundbuchblatt notariell beurkundet. Auch die Grundsteuer muss jährlich entrichtet werden (siehe „Die Grundsteuer", S. 37). Die laufenden Mieteinnahmen werden – ähnlich wie bei einer vermieteten Immobilie – ebenfalls versteuert. Werbungskosten – zum Beispiel für Reinigung oder Renovierung – können von den Einnahmen abgezogen werden (siehe „Werbungskosten: Was, wie viel, wann?“, S. 48). Garagen werden über 20 Jahre abgeschrieben, der jährliche lineare Abschreibungssatz liegt demzufolge bei 5 Prozent.

Den größten Unterschied macht die Umsatzsteuer aus. Denn während die Vermietung von Wohnraum in der Regel umsatzsteuerfrei ist (zu den Ausnahmen zählen beispielsweise Ferienwohnungen), ist das Vermieten eines Stellplatzes oder einer Garage umsatzsteuerpflichtig. Zumindest gilt dies dann, wenn Sie den Parkplatz ohne eine Wohnung vermieten. Bei separat vermieteten Stellplätzen und Garagen müssen Sie zusätzlich zur Miete die Umsatzsteuer von 19 Prozent erheben und ans Finanzamt abführen. Dies ist auch dann der Fall, wenn der Stellplatz zwar zu einer Wohnung gehört, aber an eine Person vermietet wird, die nicht dort wohnt.

Kleinunternehmerregelung

Umsatzsteuer für Garagen müssen Sie nur dann nicht erheben, wenn Ihre Umsätze die Grenze der sogenannten Kleinunternehmerregelung nicht überschreiten. Demnach sind Sie bis zu einem Betrag von 25 000 Euro Vorjahresumsatz umsatzsteuerlich betrachtet Kleinunternehmer – mit der Folge, dass Sie aus Vereinfachungsgründen keine Umsatzsteuer erheben müssen. Wichtig ist, dass diese Grenze nicht pro Immobilie oder pro Einkunftsart gilt, sondern quer über all Ihre möglichen Umsätze greift. Denn umsatzsteuerlich sind Sie nur einmal Unternehmer, und zwar mit all Ihren Tätigkeiten. Haben Sie beispielsweise Einkünfte aus selbstständiger Tätigkeit und vermieten darüber hinaus noch mehrere Garagen, müssen die Umsätze daraus zusammengerechnet werden.

Ein Beispiel: Anna ist Hundetrainerin in Frankfurt am Main und hat im vergangenen Jahr mit Einzeltrainings, Kursen und einer Hundesportgruppe 45 000 Euro Umsatz erzielt. Sie möchte als Selbstständige etwas Geld auf die Seite legen; eine passende Immobilie, deren Kreditraten sie sich problemlos leisten kann, hat Anna jedoch noch nicht gefunden. Daher hat sie drei Tiefgaragen-Parkplätze in zentraler Lage, 500 Meter entfernt von der Europäischen Zentralbank, gekauft. Zwei davon sind bereits vermietet, für jeweils 150 Euro pro Monat, sodass sie im vorangegengenen Jahr einen Jahresumsatz aus der Vermietung in Höhe von 3 600 Euro erzielt hat. Damit liegt Anna zwar bei der Vermietung der Stellplätze unterhalb der Kleinunternehmer-Grenze von 25 000 Euro. Da aber sämtliche Umsätze, die sie erwirtschaftet, zusammengerechnet werden, kommt sie auf 48 600 Euro Vorjahresumsatz. Sie muss daher auf die Garagenmiete Umsatzsteuer abführen.

Auf Verträge achten

Verträge über dauerhaft erbrachte Leistungen sind Rechnungen. Für gewerbliche Mietverträge bedeutet das, dass diese die üblichen Rechnungsvorgaben enthalten müssen (mehr ab S. 85). Achten Sie bei Verträgen und Rechnungen, die Sie selbst über dauerhaft erbrachte Leistungen erhalten, auf die Pflichtangaben, damit Ihnen der Vorsteuerabzug erhalten bleibt. Das gilt vor allem für die Steuernummer – und für die fortlaufende Rechnungsnummer.

Achten Sie außerdem darauf, eine neue Dauerrechnung beziehungsweise einen neuen Mietvertrag mit den entsprechenden Rechnungsvorgaben auszustellen, wenn Sie die Mietkonditionen ändern. Da ab 2025 für alle umsatzsteuerpflichtigen Unternehmer das Thema E-Rechnung zur Pflicht wird, sollten Sie sich außerdem darauf einstellen, elektronische Rechnungen empfangen zu können. Mehr zu diesem Thema können Sie ab Seite 85 nachlesen.

So funktioniert die Sonderabschreibung

Zusätzlich zur normalen Abschreibung gewährt der Gesetzgeber seit Neuestem wieder eine Sonderabschreibung. Diese Spezialform der Abschreibung ist aber nur für Neubauprojekte vorgesehen.

Mit dem Wachstumschancengesetz haben Vermieter seit 2024 eine weitere, altbekannte Abschreibungsmöglichkeit erhalten: Die Sonderabschreibung für Mietwohnungen feiert ihr Comeback. Sie war bereits vor einigen Jahren eingeführt worden, ist aber Ende 2022 ausgelaufen. Nun wird die Sonderabschreibung unter bestimmten Bedingungen für neu gebaute Mietwohnungen gewährt, sie ist außerdem bis 2029 befristet. Das heißt, der Bauantrag oder die Bauanzeige muss nach dem 31. Dezember 2022 und vor dem 1. Oktober 2029 gestellt werden. Zudem muss neuer Mietwohnraum geschaffen werden – durch Neubau, Erweiterung oder Umnutzung; Ferienwohnungen werden nicht gefördert.

Damit sichergestellt ist, dass nur Mietwohnraum gefördert wird, muss Ihre neue Immobilie im Jahr des Erwerbs oder der Herstellung und den folgenden neun Jahren zu fremden Wohnzwecken vermietet werden. Der Gesetzgeber will mit der neuen Sonderabschreibung außerdem bezahlbare Wohnungen schaffen und keine Luxusbauten unterstützen, daher sind die förderfähigen Anschaffungs- beziehungsweise Herstellungskosten in der Höhe gedeckelt: Für die Anschaffungskosten sind Obergrenzen ebenso festgelegt wie für die Höhe der Sonderabschreibung. Die Förderung gibt es nur bis zu einer Obergrenze von 5 200 Euro pro Quadratmeter Baukosten; die maximale Bemessungsgrundlage für die Sonderabschreibung beläuft sich auf 4 000 Euro pro Quadratmeter.

Die runderneuerte Sonderabschreibung soll außerdem dafür sorgen, dass klimaneutrales Bauen unterstützt wird. Deswegen müssen förderfähige Neubauten bestimmte Effizienzkriterien erfüllen. Diese Kriterien richten sich nach den Vorgaben für das „Effizienzhaus 40“ mit Nachhaltigkeitsklasse. Mit dem Terminus „Effizienzhaus 40“ wird ein energiebezogener Standard gesetzt, mit Blick auf den Energiebedarf des Gebäudes und die Wärmedämmung. Die Stufe – in diesem Fall die 40 – zeigt an, wie viel Primärenergie im Vergleich zu einem normalen Gebäude benötigt wird, hier also 40 Prozent. Nach Angaben der KfW „liegt der Transmissionswärmeverlust bei nur 55 Prozent des Referenzgebäudes. Der bauliche Wärmeschutz ist somit um 45 Prozent besser.“

QNG: Qualitätssiegel Nachhaltiges Gebäude

Die Nachhaltigkeitsklasse muss durch ein spezielles Siegel zusätzlich nachgewiesen werden: Das Qualitätssiegel Nachhaltiges Gebäude (QNG) soll belegen, dass das Gebäude in bestimmten Bereichen zu nachhaltigem Klimaschutz beiträgt, beispielsweise durch umweltfreundliches Baumaterial, effiziente Flächennutzung oder auch Schallschutz (siehe „Welche Förderregeln für welche Immobilie?“, S. 72). Das Siegel vergeben zertifizierte Stellen. Einen Überblick über den Prozess finden Sie auf dem Informationsportal Qualitätssiegel Nachhaltiges

Gebäude des Bundesministeriums für Wohnen, Stadtentwicklung und Bauwesen: qng.info.

Ob Sie die Sonderabschreibung nutzen können, wird also in mehreren Schritten abgeklärt.

Ein Beispiel: Sie haben eine neu gebaute Eigentumswohnung gekauft, die Wohnfläche beträgt 78 Quadratmeter. Nach Abzug des Grundstücksanteils verbleibt ein Kaufpreis von 390 000 Euro. Das Gebäude, in dem sich Ihre Wohnung befindet, ist im August 2024 fertiggestellt worden. Sie vermieten die Wohnung ab Oktober 2024.

→ **Ist die betreffende Wohnung neu gebaut?** Ja, der Bauantrag wurde Anfang 2023 gestellt, die Effizienz wurde mit dem Nachhaltigkeitssiegel QNG nachgewiesen.

→ **Handelt es sich um Mietwohnraum?** Ja, der Mietvertrag wurde im gleichen Jahr geschlossen, in dem das Gebäude auch fertiggestellt wurde. Es ist geplant, die Wohnung dauerhaft zu vermieten.

→ **Entsprechen die Anschaffungskosten den Förderrichtlinien?** Ja, die Kosten für die Immobilie betragen pro Quadratmeter Wohnfläche 5 000 Euro (Gebäudewert 390 000 Euro: 78 Quadratmeter). Die Kosten für den Gebäudewert pro Quadratmeter übersteigen nicht die vorgegebene Grenze von 5 200 Euro.

Nun, da die Voraussetzungen geklärt sind, kann die Bemessungsgrundlage ermittelt werden. Die maximale Bemessungsgrundlage beträgt 4 000 Euro pro Quadratmeter Wohnfläche. Für unser Beispiel heißt das, dass die Sonderabschreibung auf Basis eines Betrags von 312 000 Euro errechnet wird (78 Quadratmeter Wohnfläche x 4 000 Euro). Daraus ergibt sich ein Abschreibungsbetrag von 15 600 Euro pro Jahr – jeweils für das Jahr der Anschaffung und die nachfolgenden drei Jahre (312 000 Euro x 5 Prozent).

Sonderabschreibung back again

Da mit der neuen Sonderabschreibung der Mietwohnungsbau gefördert werden soll, gibt es die zusätzliche Abschreibung nur bis zu einer festgelegten Obergrenze – und nur für klimafreundliche Bauten.

Der Bauantrag wurde gestellt …	Kosten pro Quadratmeter	Maximale Bemessungsgrundlage der Sonderabschreibung pro Quadratmeter
nach dem 31.08.2018, vor dem 01.01.2022	3 000 Euro	2 000 Euro
nach dem 31.12.2022, vor dem 01.10.2029	5 200 Euro	4 000 Euro

Wohnfläche gut gerechnet

Um bei der Sonderabschreibung die Wohnfläche für die Bemessungsgrundlage zu berechnen, müssen Sie sich nicht auf den eigentlichen Wohnraum beschränken. Ein Kellerraum, der zur Wohnung dazugehört, darf als sogenannte Nebenfläche komplett dazugezählt werden; gemeinschaftlich genutzte Nebenräume dürfen Sie entsprechend dem Miteigentumsanteil dazu rechnen.

Vorteil: Liegen Sie mit dem Kaufpreis über der Grenze für die Abschreibung, können Sie über mögliche Nebenräume den Quadratmeterpreis senken und somit eventuell innerhalb der Förderungsgrenze bleiben. Aufzüge oder Treppenhäuser dürfen Sie allerdings nicht hinzurechnen.

Um in den Genuss der Sonderabschreibung zu kommen, muss die Wohnung ein abgeschlossener Raum sein und über mindestens 23 Quadratmeter Wohnfläche verfügen. Ausnahme: Die Kleinstwohnung befindet sich in einem Studenten- oder Seniorenwohnheim. Dann muss es aber in der Wohnung Bad und Kochgelegenheit geben.

Wie funktioniert die Sonderabschreibung?

Die Sonderabschreibung gibt es zusätzlich zur normalen Abschreibung obendrauf. Das Sahnehäubchen der Abschreibungen können Sie also entweder neben der linearen oder der neuen, befristet eingeführten degressiven Abschreibung nutzen (siehe „Abschreibung und Verkehrswert", S. 21). Innerhalb der ersten vier Jahre dürfen Sie jährlich eine Sonderabschreibung von 5 Prozent vornehmen. Ihr Vorteil: Ihre jährliche steuerliche AfA ist höher und die steuerliche Entlastung für Sie damit größer. Die Sonderabschreibung gibt es darüber hinaus jedes Jahr in voller Höhe, sie wird nicht anteilig auf Monate aufgeteilt.

AUSFÜLLHINWEIS

S. 128

Ausfüllhilfe Sonderabschreibung

Das Bundesfinanzministerium hat bereits vor einigen Jahren ein Schreiben veröffentlicht, wie die Sonderabschreibung für Gebäude anzuwenden ist und nach welchen Grundsätzen die Finanzverwaltung vorgeht. Mit diesem aktuellen Formular „Angaben zur Inanspruchnahme einer Sonderabschreibung nach § 7b EStG" können Sie prüfen, ob die Voraussetzungen für die Inanspruchnahme einer Sonderabschreibung gegeben sind. Formular, Tipps und Downloadquelle finden Sie in unserem Formularteil ab Seite 128.

Sie müssen die Sonderabschreibung auch nicht vollständig nutzen, sondern dürfen sich für einzelne Jahre oder niedrigere Prozentsätze entscheiden.

Ein Beispiel: Sebastian hat im Januar 2024 eine Wohnung erworben, um diese zu vermieten. Bauabnahme war im Januar 2024. Die Wohnung erfüllt alle Voraussetzungen für die Sonderabschreibung. Sie hat 625 000 Euro gekostet; 20 Prozent davon entfallen auf den anteiligen Grund und Boden, verbleiben 500 000 Euro als Bemessungsgrundlage für die Wohnung. Die Wohnfläche inklusive anteiliger Nebenräume beträgt 100 Quadratmeter. Sebastian entscheidet sich für die degressive Abschreibung. Diese kann er auch nach Ablauf des Begünstigungszeitraums der Sonderabschreibung nutzen, weil er sie von Beginn an gewählt hat und nicht zwischenzeitlich zur linearen Abschreibung übergegangen ist.

Berechnung der Sonderabschreibung
Maximale Bemessungsgrundlage aufgrund der Quadratmeter sind 400 000 Euro (4 000 Euro x 100 m^2).
Die Sonderabschreibung beträgt 20 000 Euro pro Jahr (5 Prozent von 400 000 Euro), für die vier Jahre von 2024 bis 2027 also insgesamt 80 000 Euro.

Berechnung der degressiven AfA

Jahr	*Anschaffungskosten (Euro)*	*degressive AfA (Euro)*
2024	500 000,00	25 000,00
2025	475 000,00	23 750,00
2026	451 250,00	22 562,50
2027	428 687,50	21 434,38

Für das Jahr 2028 verbleiben als Bemessungsgrundlage 407 253,12 Euro. Davon abgezogen wird außerdem die bereits in Anspruch genommene Sonderabschreibung in Höhe von 80 000 Euro. Damit beträgt die Bemessungsgrundlage für die degressive AfA im Jahr 2028 noch 327 253,12 Euro und die Abschreibung selbst 16 362,66 Euro.

Die Grundsteuer – eine umfassende Reform

Die Grundsteuer hat Gesetzgeber und Gerichte in den vergangenen Jahren vielfach beschäftigt. Die Reform der Grundsteuer wurde durch eine Grundsatzentscheidung des Bundesverfassungsgerichts notwendig; seitdem sind neue Bewertungsmodelle auf Bund- und Länderebene eingeführt worden.

Von der Grundsteuer sind Vermieter und Mieter gleichermaßen betroffen. Hier hat es in der jüngsten Vergangenheit eine umfassende Reform gegeben. Diese wurde notwendig, weil das Bundesverfassungsgericht die Bewertungsmaßstäbe der früheren Regelungen als nicht verfassungskonform beurteilt hat. Der Hintergrund: Die Grundsteuer beruht auf jahrzehntealten Wertverhältnissen, das aktuelle Verfahren sei damit veraltet und ungerecht. Das betrifft sämtliche 16 Bundesländer (siehe dazu auch S. 39). Im Westen wurden Grundstücke bislang nach ihrem Wert im Jahr 1964 berücksichtigt. In den ostdeutschen Ländern waren die zugrunde gelegten Werte sogar noch älter, sie beruhten auf Feststellungen aus dem Jahr 1935. Diese Einheitswerte wurden mit einem einheitlichen Faktor, der Steuermesszahl, und anschließend mit einem Hebesatz multipliziert.

Da die Werte von Grundstücken und Gebäuden sich seit 1964 beziehungsweise 1935 sowohl im Westen wie im Osten sehr unterschiedlich entwickelt haben, sah das Bundesverfassungsgericht hier gravierende steuerliche Ungleichbehandlungen. Die Grundsteuerzahlungen seien von den tatsächlichen Werten der Immobilien entkoppelt worden. Die Karlsruher Richter verpflichteten den Gesetzgeber dazu, bis Ende 2019 die Grundsteuer neu zu regeln. Diese Grundsteuerreform wurde inzwischen beschlossen, und die Neuregelungen sind 2025 in Kraft getreten. Die Neubewertung begann jedoch schon im Jahr 2022. Für den Übergangszeitraum durften die Städte und Gemeinden, denen die Einnahmen aus der Grundsteuer zustehen, die Grundsteuer nach den bisherigen Vorgaben erheben.

Die Reform war nicht unumstritten, weil diverse Bewertungsmodelle gegeneinander ins Feld geführt wurden und einige Bundesländer ihr eigenes Modell durchsetzen wollten. So gibt es nun zwar ein Bundesmodell, eine Öffnungsklausel erlaubt es den Bundesländern jedoch, ihr eigenes Modell umzusetzen.

Die Modelle unterscheiden sich vor allem darin, wie der Grundsteuerwert ermittelt wird, also in der Berechnung. Einige Länder haben das Bundesmodell übernommen. Baden-Württemberg, Bayern, Hamburg, Niedersachsen und Hessen nutzen die Öffnungsklausel, sie haben eigene Bewertungsmodelle für die Grundsteuer festgelegt. Berlin, das Saarland und Sachsen haben die Option genutzt, andere Steuermesszahlen als im Bundesmodell vorgesehen einzuführen.

Die komplexen Regelungen haben in mehrfacher Hinsicht für viel Arbeit auch in der Finanzverwaltung gesorgt. Dort müssen nicht nur alle Grundstücke neu bewertet, sondern auch viele Einsprüche bearbeitet werden. Zahlreiche Eigentümer sind nicht einverstanden mit den neuen Vorgaben; allein in Sachsen gingen bis Mitte 2024

580 000 Einsprüche gegen Grundsteuerbescheide ein.

Auch Klageverfahren wurden bereits angestrengt – mit vorerst unterschiedlichem Ausgang. So vertrat das Finanzgericht Köln die Auffassung, dass das in Nordrhein-Westfalen genutzte Bundesmodell zur Neufestsetzung der Grundsteuer verfassungsmäßig nicht zu beanstanden sei (Az. 4 K 2189/23). Die Revision zum Bundesfinanzhof wurde allerdings zugelassen und ist dort unter dem Aktenzeichen II R 25/24 anhängig. Ähnlich ging es in einem Verfahren vor dem Finanzgericht Baden-Württemberg aus: Hier wurden zwei Klagen gegen das neue Landesgrundsteuergesetz abgewiesen; das Gericht hielt es für verfassungsgemäß, bei der Ermittlung der Grundsteuer ausschließlich auf den Wert des Grund und Bodens ohne Berücksichtigung des Gebäudewerts abzustellen (Az. 8 K 2368/22 und Az. 8 K 1582/23). Auch hier wurde die Revision zum Bundesfinanzhof zugelassen.

Wegweisender könnten zwei andere Verfahren werden, die der Bundesfinanzhof bereits zum vorläufigen Rechtsschutz entschieden hat. Hier hatte das Gericht klargestellt, dass Steuerpflichtige in bestimmten Fällen die Möglichkeit haben müssen, einen unter dem festgestellten Grundsteuerwert liegenden Wert ihres Grundstücks nachzuweisen (Az. II B78/23 und Az. II B 79/23). In beiden Streitfällen hatten die Antragsteller beim Finanzgericht Rheinland-Pfalz erfolgreich beantragt, die Grundsteuerwertfeststellungen für ihre Wohnimmobilien von der Vollziehung auszusetzen. Das Finanzgericht hatte bereits Zweifel sowohl an der Rechtmäßigkeit der angefochtenen Grundsteuerwertbescheide als auch an der Verfassungsmäßigkeit der zugrunde liegenden Bewertungsvorschriften geäußert. Der Bundesfinanzhof wies mit seiner Entscheidung die Beschwerde des Finanzamts gegen die Aussetzung der Vollziehung als unbegründet zurück. Die Beschlüsse des Bundesfinanzhofs sind zwar keine Entscheidung über die Verfassungsmäßigkeit des neuen Bewertungsrechts. Das Finanzgericht Rheinland-Pfalz hat aber wegen der grundsätzlichen Bedeutung der Rechtsfragen die Beschwerde zum Bundesfinanzhof zugelassen.

Zudem hat der Bund der Steuerzahler bereits angekündigt, dass eine Entscheidung des Bundesverfassungsgerichts angestrebt wird. Der Verband unterstützt gemeinsam mit Haus & Grund mehrere Immobilienbesitzer, die sich vor Gericht gegen die Grundsteuerreform wehren. Auch diese Klagen richten sich gegen die Feststellungen des Grundsteuerwertes nach dem Bundesmodell, so etwa ein Fall vor dem Finanzgericht Berlin-Brandenburg (Az. 3 K 3142/23). Das Finanzgericht bestätigte in diesem und in einem weiteren Fall zwar zunächst einmal die Verfassungsmäßigkeit des Bundesmodells. Die Richter ließen jedoch die Revision zu.

Die aktuellen Gerichtsentscheidungen haben zunächst nur direkte Folgen für die klagenden Eigentümer, sodass alle anderen die neu festgesetzte Grundsteuer ab 2025 erst einmal zahlen müssen.

Wer zu spät abgibt …

Eigentümer mussten ihre Grundsteuererklärung bereits 2023 einreichen. Wer das bislang nicht getan hat, kann in einigen Bundesländern damit rechnen, dass Verspätungsgebühren eingefordert werden. So verlangt beispielsweise das Land Niedersachsen 25 Euro pro Monat rückwirkend ab Februar 2023, weil dort die Abgabefrist Ende Januar 2023 endete. Andere Länder wie Baden-Württemberg versenden Schätzungsankündigungen.

Falls Sie noch keine Grundsteuererklärung abgegeben haben und eine solche Schätzungsankündigung erhalten, können Sie immer noch eine Erklärung abgeben. Die Frist dafür ist in der Ankündigung vermerkt. Eine Schätzung sollten Sie nicht riskieren, da diese zu Ihren Ungunsten ausfallen dürfte.

Regelungen der Länder

Grundsteuer: Wie hoch fällt sie aus?

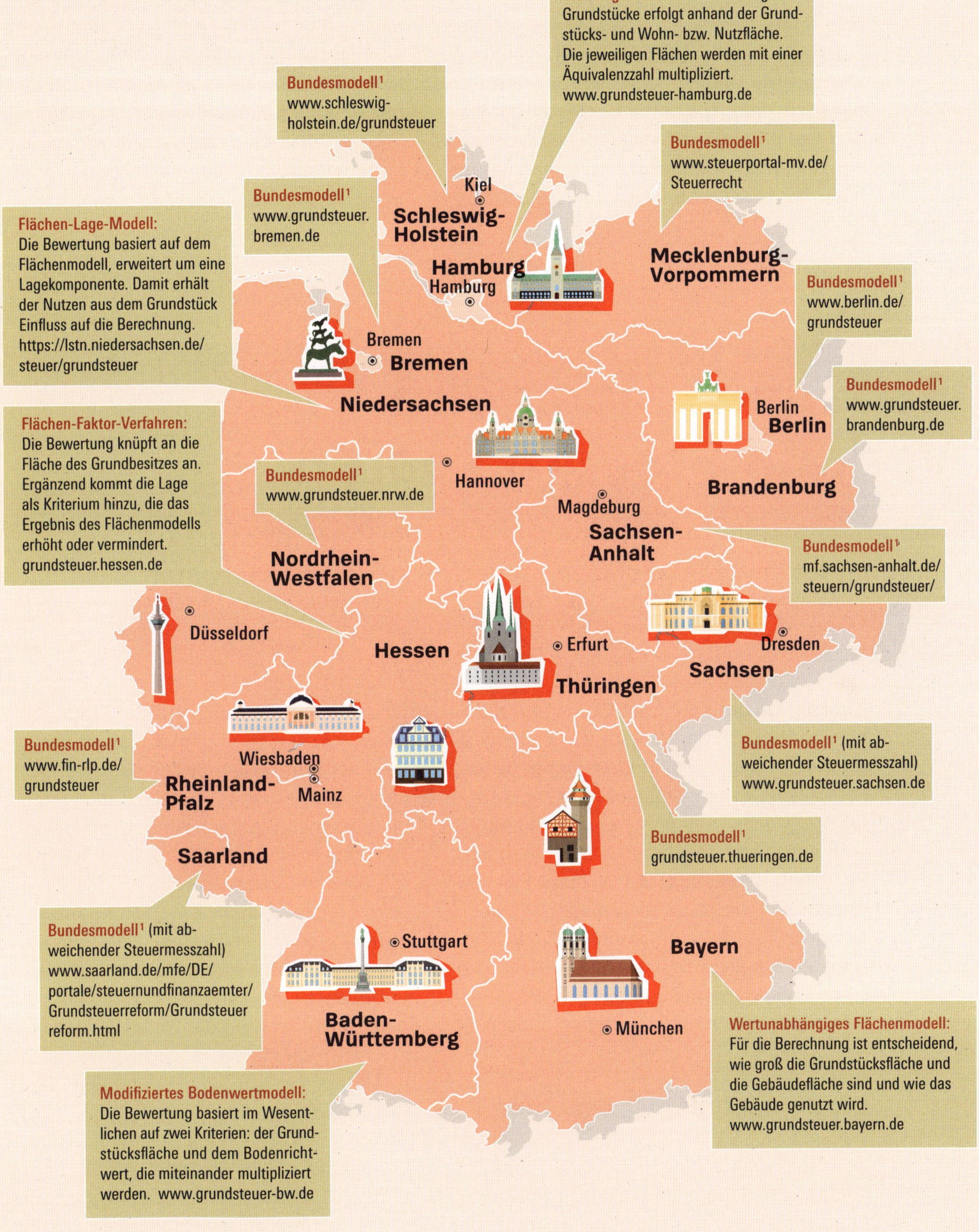

1) Je nach Art des Grundstücks werden unterschiedliche Faktoren der Berechnung des Grundsteuerwertes zugrunde gelegt.

Mit der einmaligen Wertermittlung ist es bei der neuen Grundsteuer nicht getan. Zum 1. Januar 2029 sollen die Grundsteuerwerte erneut festgestellt werden. Allerdings plant die Finanzverwaltung, dies „unter Nutzung der verfügbaren Daten und starker Begrenzung der Mitwirkungspflichten der Eigentümerinnen und Eigentümer weitestgehend automationsgestützt“ vorzunehmen, so das Bundesfinanzministerium. Sprich, liegen die notwendigen Informationen bereits vor, besteht für Eigentümer aus heutiger Sicht kein weiterer Handlungsbedarf. Eine gute Nachricht gibt es aber bei der Grundsteuer: Als Vermieter können Sie die gezahlte Grundsteuer steuerlich geltend machen. Grundsteuer, die Sie gezahlt und nicht auf Ihre Mieter umgelegt haben, dürfen Sie als Werbungskosten angeben und in Anlage V eintragen (siehe „Werbungskosten“, S. 110).

So lassen sich beim Verkauf Steuern sparen

Irgendwann steht möglicherweise auch bei Ihnen der Verkauf Ihrer Immobilie an. Um diesen steuerfrei zu gestalten, sollten Sie bestimmte Fristen beachten.

Ähnlich wie der Kauf oder Bau einer Immobilie hängt auch der Verkauf von vielen Faktoren ab. Nicht alle sind steuerlicher Natur. Persönliche Lebensumstände – etwa Kapitalbedarf oder Trennung – können einen Verkauf notwendig machen; vielleicht haben Sie eine bessere, passendere Immobilie gefunden oder möchten die Gelegenheit der aktuellen Marktsituation nutzen, Rendite zu erzielen. Möglicherweise war ein Verkauf zu einem bestimmten Zeitpunkt geplant, oder Sie möchten sich anderweitig verändern.

Die Zehnjahresfrist beachten

Wie beim Kauf sollten steuerliche Aspekte die Entscheidung nicht wesentlich beeinflussen. Es sind jedoch einige Punkte zu bedenken, von denen es abhängt, ob der Verkauf einer vermieteten Immobilie steuerfrei ist oder nicht. Die wesentliche Frage dabei lautet, ob zwischen dem Kauf und dem Verkauf der Immobilie mindestens zehn Jahre liegen oder nicht. Immobilien, die vermietet sind, können Sie nach Ablauf von zehn Jahren steuerfrei verkaufen. Die Zehnjahresfrist gilt für Eigentumswohnungen, Ein-, Zwei- oder Mehrfamilienhäuser, Miteigentumsanteile an einer Immobilie, Gebäude auf Erbpachtgrundstücken, Erbbaurecht sowie unbebaute Grundstücke. Um die Frist zu berechnen, werden die Daten der jeweiligen Kaufverträge herangezogen.

Unterschreiten Sie die Zehnjahresfrist, werden Steuern fällig. Diese Steuer wird umgangssprachlich als Spekulationssteuer bezeichnet, da die Finanzverwaltung annimmt, dass es sich bei kürzer gehaltenen Objekten um Kapitalanlagen handelt. Eigentlich handelt es sich hierbei jedoch um Einkommenssteuer, die sich in der Höhe nach Ihrem persönlichen Steuersatz richtet. Der Gewinn wird also so hoch versteuert wie Ihre anderen Einkünfte.

Als Basis wird der Überschuss des Verkaufspreises über den Ankaufspreis berechnet. Für neuere Immobilien müssen Sie die Abschreibungen, die Sie bereits geltend gemacht haben, dem Veräußerungsgewinn hinzurechnen. Das Ergebnis ist als Gewinn aus einem privaten Veräußerungsgeschäft steuerpflichtig. Der Veräußerungsgewinn wird also folgendermaßen ermittelt:

Verkaufserlös
abzüglich Anschaffungskosten und Nebenkosten
abzüglich Werbungskosten im Zusammenhang mit dem Verkauf
ergibt Gewinn (oder Verlust) aus dem Verkauf
zuzüglich bei einer Vermietung in Anspruch genommene Abschreibungen
= zu versteuernder Veräußerungsgewinn oder -verlust

Ein Beispiel: Ahmad hat 2020 eine Zwei-Zimmer-Wohnung für 165 000 Euro erworben; an Kaufnebenkosten fielen 16 000 Euro an – insgesamt also 181 000 Euro. Die Wohnung war durchgehend vermietet. 2024 verkauft Ahmad die Wohnung für 190 000 Euro. Für Makler, kleinere Reparaturen und Notar gibt er noch einmal 13 000 Euro aus. Es ergibt sich folgender zu versteuernder Veräußerungsgewinn:

Ahmads Rechnung (in Euro)	
Verkaufserlös	**190 000**
abzüglich Anschaffungskosten und Nebenkosten	181 000
abzüglich Werbungskosten im Zusammenhang mit dem Verkauf	13 000
zuzüglich bei einer Vermietung in Anspruch genommene Abschreibungen	12 800
zu versteuernder Veräußerungsgewinn	**8 800**

INFO

Kaufpreis auf Raten

Es gibt Möglichkeiten, den Veräußerungsgewinn und damit die Steuerlast zu steuern. So können Sie zum Beispiel eine Kaufpreiszahlung auf Raten vereinbaren. Dies ist etwa dann empfehlenswert, wenn Sie absehen können, dass Sie in den kommenden Jahren ein geringeres Einkommen haben werden und damit einen niedrigeren Steuersatz. Auch wenn sich ein Veräußerungsverlust ergibt, können Sie via vereinbarter Ratenzahlung des Kaufpreises Ihre Steuerlast gestalten. Der Bundesfinanzhof hat hierzu entschieden, dass der Verlust gleichmäßig auf die Zeit der Ratenzahlung zu verteilen ist (Az. IX R 18/16).

Wenn Sie über mehrere Wohnungen oder Häuser verfügen, müssen Sie außerdem darauf achten, die sogenannte Drei-Objekt-Grenze nicht zu überschreiten. Verkaufen Sie binnen fünf Jahren drei oder mehr Immobilien, kann das Finanzamt dies als gewerblichen Immobilienhandel werten; Sie werden gewissermaßen als Makler eingestuft. In die Drei-Objekt-Grenze werden auch Grundstücke und Garagen mit einbezogen. Ob es sich noch um ein privates Veräußerungsgeschäft handelt oder ob Sie als Immobilienhändler gelten, entscheidet das Finanzamt je nach Einzelfall.

Wenn die Finanzverwaltung Sie als gewerblichen Immobilienhändler einstuft, müssen Sie nicht nur den Gewinn versteuern – und zwar unabhängig von der Zehnjahresfrist –, sondern auch ein Gewerbe anmelden und werden gewerbesteuerpflichtig.

Achtung: Auch wenn Sie zum Beispiel eine Immobilie aufteilen, damit sie sich besser verkaufen lässt – die Teilung der Immobilie in kleinere Einheiten führt beim Verkauf zu mehreren „Zählobjekten" im Sinne des gewerblichen Grundstückhandels.

Der Vermieteralltag: Steuern sparen, wo es geht

Wenn Sie den Alltag als Vermieter steuerlich auf eine kurze Formel bringen wollen, so dreht sich alles um Einnahmen und Ausgaben. Aber ganz so einfach ist es dann doch nicht. Vor allem bei den Ausgaben müssen Sie darauf achten, welche Kosten sofort steuerlich abzugsfähig sind und welche über mehrere Jahre verteilt werden müssen. Auch Aufwendungen, die nicht direkt im Zusammenhang mit dem Kauf stehen, müssen unter bestimmten Voraussetzungen auf mehrere Jahre verteilt werden. Immerhin können Sie Verluste aus der Vermietung mit anderen Einkünften verrechnen.

Einnahmen bei Vermietung

Dass die Miete für Sie eine Einnahme darstellt, ist wahrscheinlich selbstverständlich. Aber auch andere Zahlungen stuft das Finanzamt als Einnahme ein.

Steuern sparen oder zumindest möglichst wenig Steuern zahlen – wer möchte das nicht. So mancher hofft daher, dass mit der frisch erworbenen Immobilie ein Steuersparmodell gefunden wurde. Ist ein Mieter oder eine Mieterin eingezogen, geht es aber erst einmal um Einnahmen. Und genau die interessieren das Finanzamt – vor allem die sich daraus ergebenden Einkünfte.

Einkünfte sind das, was nach Abzug der Ausgaben unterm Strich übrig bleibt. Im besten Fall – mit Blick auf die eigenen Finanzen – ist das ein Überschuss. Um diesen Überschuss zu ermitteln, müssen wir also zunächst einmal einen Blick auf die Einnahmen werfen. Ganz offensichtlich gehört die Miete, die Ihnen überwiesen wird, zu diesen Einnahmen.

Mietzahlungen können Sie beispielsweise für vermietete Eigentumswohnungen oder Häuser erhalten, aber auch für

- Garagen und Stellplätze (siehe S. 32),
- Lagerräume,
- Keller,
- Einrichtungsgegenstände (etwa die Einbauküche),
- Grundstücke,
- Gebäudeteile,
- grundstücksgleiche Rechte (Erbbaurecht),
- Schiffe oder auch
- Standorte für Mobilfunkantennen.

Sieben an der Zahl

Das Einkommenssteuerrecht kennt sieben verschiedene Einkunftsarten: Einkünfte aus Land- und Forstwirtschaft, aus Gewerbebetrieb, aus selbstständiger Arbeit, aus nichtselbstständiger Arbeit, aus Kapitalvermögen, aus Vermietung und Verpachtung sowie aus sonstigen Einkünften (etwa gesetzliche und private Renten). So wie die Einkunftsarten heißen, sind auch die entsprechenden Anlagen in der Steuererklärung benannt.

Die Einkunftsarten im Einkommensteuergesetz werden zusätzlich in zwei verschiedene Gruppen unterteilt: in Gewinn- und in Überschusseinkunftsarten. Die Einkünfte aus Vermietung und Verpachtung zählen zu den Überschusseinkunftsarten. Das bedeutet, dass das Finanzamt von Ihren Einnahmen alle Ausgaben abzieht.

Die Ausgaben im Zusammenhang mit der Vermietung nennt das Finanzamt Werbungskosten. Werbungskosten sind laut Einkommenssteuergesetz alle Aufwendungen, die dabei helfen, Einnahmen zu erwerben, zu sichern und zu erhalten. Mehr Einnahmen als Aufwendungen werden steuerlich als „Überschuss“ bezeichnet. Überwiegen die Aufwendungen die Einnahmen, entsteht möglicherweise ein Verlust (siehe „Verluste mit anderen Einkünften verrechnen“, S. 58).

Nicht nur die Miete macht's

Auch andere Zahlungen, die Sie im Zusammenhang mit Ihrer vermieteten Immobilie bekommen, können Einnahmen darstellen.

→ **Nebenkostenvorauszahlungen:** Im Normalfall überweisen Ihre Mieter vertragsgemäß mit der Monatsmiete auch die Vorauszahlung für die Nebenkosten. Zum Jahreswechsel wird dies mit den tatsächlich angefallenen Kosten verrechnet und eine Nachzahlung oder Erstattung veranlasst. Da sich diese Summen ausgleichen, sind die Nebenkosten mit den unterjährigen Vorauszahlungen und der Abrechnung am Ende des Jahres steuerlich neutral. Übernehmen Sie aber beispielsweise Hausmeisterarbeiten selbst und verlangen dafür eine Umlage, ist dies zwar zulässig. Dann müssen Sie dies jedoch bei Ihren Einnahmen angeben.

→ **Aufgeteilte Mieten für möblierte Wohnungen:** Studenten-/Studentinnenapartments oder Businesswohnungen werden häufig möbliert angeboten. Auch wenn Sie die Miete dafür in die Miete und in einen Möblierungszuschlag aufteilen, gelten beide Beträge als Einnahmen im Zusammenhang mit der Vermietung. Achtung: Diese Regel greift auch dann, wenn Sie Kochzeile oder Regale vorher privat gekauft haben.
Als Faustregel gilt: Wenn Sie mehr als die Hälfte der Einrichtungsgegenstände, die für eine Haushaltsführung erforderlich sind, zur Verfügung stellen, gilt die Wohnung als möbliert. Dafür können Sie einen Möblierungszuschlag erheben. Dieser darf nicht unverhältnismäßig hoch sein, eine rechtlich verbindliche Regelung gibt es aber nicht. Sie können sich bei der Berechnung nach zwei Modellen richten – entweder nach dem Berliner Modell oder nach dem Hamburger Modell. Beim Berliner Modell erheben Sie mit Abschluss des Mietvertrages einen Möblierungszuschlag in Höhe von 2 Prozent vom Zeitwert der Möbel. Die Abschreibung läuft über zehn Jahre – womit ab dem elften Jahr bei Neuvermietung der Möblierungszuschlag entfällt.

Daneben gibt es im Berliner Modell noch eine weitere Berechnungsmethode für die Kapitalverzinsung: Alternativ wird ein Zinssatz von 4 Prozent auf den halben Neuwert angesetzt, um den durchschnittlichen Kapitalwert über die zehnjährige Abschreibungsdauer zu betrachten.

Das Hamburger Modell geht einen anderen Weg, hier werden die Anschaffungskosten der Möbel verzinst. Zusätzlich werden ein jährlicher Wertverlust und eine Nutzungsdauer von sieben Jahren angesetzt. Als Vermieter sind Sie übrigens nicht verpflichtet, die Berechnung des Möblierungszuschlags offenzulegen. Sowohl die Kaltmiete als auch der Möblierungszuschlag zählen jedoch zu Ihren steuerpflichtigen Einnahmen.

→ **Bausparzinsen für aufgefüllten Bausparvertrag:** Nicht immer ist Geld da, wenn man es braucht. Haben Sie einen Bausparvertrag abgeschlossen und wollen jetzt bei einer Immobilie zuschlagen, müssen Sie manchmal den Vertrag mit einem Bankdarlehen auffüllen, damit er zuteilungsreif wird. Dadurch entstehen beim Bausparvertrag Zinsen, die das Finanzamt als Einnahmen aus Vermietung einstuft. Umgekehrt dürfen Sie die Zinsen für das Bankdarlehen als Kosten geltend machen (siehe „Werbungskosten: Was, wie viel, wann?", ab S. 48).

→ **Baukostenzuschüsse aus öffentlichen Mitteln:** Viele Bundesländer und Kommunen fördern den Bau von Sozialwohnungen, um den steigenden Bedarf an bezahlbarem Wohnraum zu decken. Diese Zuschüsse sind in der Regel an Bedingungen geknüpft: So erwarten die Länder und Kommunen dafür als Gegenleistung Belegungsrechte oder eine

Auf das Wie kommt es an

Je nach Zahlungsart unterscheidet sich der Zeitpunkt von Zufluss und Abfluss. Darauf müssen Sie achten.

Zahlungsart	Zeitpunkt Abfluss Betriebsausgabe	Zeitpunkt Zufluss Betriebseinnahme
Überweisung	Annahme der Bank (Abgabe des Überweisungsträgers, Eingabe im Online-Banking oder am Automat)	Gutschrift auf dem Konto
Lastschrift	Abbuchung vom Konto	Gutschrift auf dem Konto
Girocard	Unterschrift auf dem Zahlungsbeleg oder Eingabe der Pin	Gutschrift auf dem Konto
Kreditkarte	Zeitpunkt, in dem Kreditkarte genutzt wird	Zahlung durch Kreditkarteninstitut
Bar	Ausgabe	Erhalt

Mietpreisbindung. So hat beispielsweise Schleswig-Holstein die Förderung für den sozialen Wohnungsbau 2025 erhöht; in Rheinland-Pfalz sind für die kommenden beiden Jahre die Investitionen in die Förderung von sozialen Mietwohnungen verdoppelt worden. Auch andere Bundesländer verlängern ihre Förderprogramme oder passen die Konditionen an den steigenden Bedarf an.
Derartige Baukostenzuschüsse gelten steuerlich als Einnahmen. Denn sie stellen keine zweckgebundene Förderung zur Errichtung des Gebäudes dar, sondern sind eine Gegenleistung für die eingegangenen Verpflichtungen des Bauherrn oder der Bauherrin.

Ein Beispiel: Anna hat vor Kurzem ein Mehrfamilienhaus fertiggestellt und die Wohnungen dort, sobald sie bezugsfertig waren, vermietet. Für den Bau des Gebäudes hat sie einen Landeszuschuss in Höhe von 240000 Euro erhalten, der in zwei Raten ausgezahlt worden ist – eine im Jahr 2023 und und eine im Jahr 2024. Anna verpflichtete sich im Gegenzug, die Wohnungen für die Dauer von 20 Jahren ausschließlich an Wohnberechtigungsscheininhaber und nur zu einem bestimmten Mietpreis zu vermieten. Die Zuschüsse muss sie gemäß dem Zufluss-Prinzip (siehe S. 47) jeweils zur Hälfte in den entsprechenden Jahren geltend machen – also 120000 Euro in der Steuererklärung für 2023 und 120000 Euro in der Steuererklärung für 2024.

➔ **Erstattete Werbungskosten:** Wenn Ihnen Ihre Versicherung einen Schaden erstattet, der an Ihrer Immobilie entstanden ist, gehört dies normalerweise nicht zu den Einnahmen aus Vermietung und Verpachtung. Das Finanzamt interessiert sich erst dann für die Zahlung, wenn Sie für die Beseitigung des Schadens bereits Werbungskosten geltend gemacht haben; die Regulierung muss am Ende steuerlich zu einem neutralen Ergebnis führen. Daher müssen Sie die Erstattung, die Ihnen die Versicherung überwiesen hat, als Einnahme angeben – zum Beispiel die Kosten für die Beseitigung eines Wasserschadens, die Ihnen später von der Versicherung erstattet werden.

Die Kaution für eine vermietete Wohnung stellt dagegen keine Einnahme dar. Allerdings gibt es auch hier Ausnahmen: wenn Sie die Kaution verwenden müssen, beispielsweise weil Ihre Mieterin notwendige Reparaturen oder Renovierungen nicht vorgenommen hat oder Sie die Kaution mit nicht gezahlter Miete verrechnen müssen. Dann besteht die Möglichkeit, dass das Finanzamt die Kaution als Einnahme einstuft.

Steuern ja, aber wann?

Ganz gleich, um welche Zahlungen es geht: Für die Steuererklärung ist der Zeitpunkt entscheidend. Das heißt: Einnahmen werden in dem Jahr berücksichtigt, in dem sie tatsächlich auf Ihrem Konto eingegangen sind. Ausgaben werden in dem Jahr berücksichtigt, in dem Sie die jeweilige Rechnung bezahlt haben. Dies wird auch das Zufluss-/-Abfluss-Prinzip genannt.

Je nachdem, wie Sie oder Ihre Mieter die Rechnungen bezahlen, bestimmt die Zahlungsweise auch den Zeitpunkt des Zuflusses oder des Abflusses. Der betreffende Empfänger muss die wirtschaftliche Verfügungsmacht über den Betrag erhalten. Wann das der Fall ist, hängt von der Art und Weise ab, wie bezahlt wird (siehe Tabelle „Auf das Wie kommt es an", S. 46). Wenn Ihnen Ihre Mieterin ein Sepa-Lastschriftmandat erteilt hat, gilt der Betrag am Tag der Gutschrift auf Ihrem Konto als zugeflossen.

Die Zehn-Tage-Regel

Keine Regel ohne Ausnahme: Das gilt auch für das Zufluss-/Abfluss-Prinzip. Die sogenannte Zehn-Tage-Regel betrifft regelmäßig wiederkehrende Einnahmen (oder Ausgaben), zu denen auch Mieteinnahmen zählen. Diese Regel besagt:

- ➔ **Zahlungen am Jahresende für das Folgejahr.** Einnahmen und Ausgaben, die zwischen dem 22. und dem 31. Dezember gezahlt werden, aber das nachfolgende Jahr betreffen, werden steuerlich erst im Folgejahr angerechnet.

- ➔ **Zahlungen im Januar für das Vorjahr.** Einnahmen und Ausgaben, die zwischen dem 1. und dem 10. Januar für das Vorjahr gezahlt werden, werden steuerlich noch im Vorjahr berücksichtigt.

UNSER RAT

Vorteile des Zufluss-/ Abfluss-Prinzips

Gestaltungsmöglichkeiten nutzen: Bei den Ausgaben ergeben sich durch die Abfluss-Regel steuerliche Gestaltungsspielräume. So können Sie je nach Steuerlast größere Investitionen in Ihre Immobilie vorziehen – oder auch Ausgaben ins nächste Jahr verschieben. Beachten Sie dabei aber, ob es sich um direkt abzugsfähige Kosten handelt oder um Aufwendungen, die Sie abschreiben müssen.

Kreditkartenzahlungen gezielt einsetzen: Interessant ist das Abfluss-Prinzip auch, wenn Sie Ausgaben rund um den Jahreswechsel mit Kreditkarte bezahlen. Wenn Sie beispielsweise im Dezember im Fachhandel ein neues Waschbecken und einen Spiegelschrank für das Bad in Ihrer vermieteten Eigentumswohnung kaufen, bucht Ihr Kreditkartenanbieter den Betrag in aller Regel erst im Folgemonat ab, mit der Abrechnung für den Monat Dezember. Gemäß dem Abfluss-Prinzip gilt: Das Geld ist bereits geflossen, als Sie die Kreditkarte benutzt haben. Damit können Sie die Werbungskosten noch dem alten Jahr zuordnen.

Ein Beispiel: Ihr Mieter zahlt – möglicherweise aufgrund eines vorübergehenden finanziellen Engpasses – die Miete für Dezember 2024 erst am 5. Januar 2025. Obwohl das Geld Ihrem Konto erst im Jahr 2025 gutgeschrieben wird, gehört es trotzdem steuerlich in das Jahr 2024. Denn es handelt sich um eine regelmäßig wiederkehrende Einnahme, die innerhalb von zehn Tagen nach Ende des Kalenderjahrs bei Ihnen eingeht.

Werbungskosten: Was, wie viel, wann?

Ausgaben, die im gleichen Jahr in der Steuererklärung abgezogen werden, mindern direkt Ihre Steuerlast. Daher ist es wichtig zu wissen, was genau zu den Werbungskosten gehört.

Die Einnahmenseite ist nun geklärt. In aller Regel entstehen Ihnen bei der Vermietung Ihrer Immobilie aber auch Kosten – mal mehr, mal weniger. Handelt es sich um Werbungskosten, dürfen Sie diese im gleichen Jahr von Ihren Einnahmen abziehen. Aus der Differenz zwischen Einnahmen und Werbungskosten berechnet das Finanzamt den Überschuss (beziehungsweise den Verlust) aus den Einkünften aus Vermietung und Verpachtung (siehe „Einnahmen bei Vermietung“, S. 44).

Schon vor der Vermietung absetzbar

Um Werbungskosten ansetzen zu können, muss Ihre Eigentumswohnung noch nicht unbedingt vermietet sein. Wichtig ist, dass Sie nachweisen können, dass Sie die Absicht haben, zu vermieten. Vielleicht müssen Sie längere Zeit nach geeigneten Mietern suchen, oder aber die Immobilie wird gerade renoviert oder umgebaut. Das alles können Argumente sein, um dem Finanzamt eine Vermietungsabsicht darzulegen.

Es gibt keinen vorgeschriebenen Zeitraum, wie lange Ihre Immobilie höchstens leer stehen darf, damit das Finanzamt Ihre Vermietungsabsicht anerkennt. Aber die Faustformel lautet: Je mehr Zeit Sie benötigen, um für Ihre Wohnung oder Ihr Haus Mieter zu finden, umso eindeutigere Nachweise wird die Finanzverwaltung für Ihre Vermietungsabsicht einfordern.

Praxistipp: In solchen Fällen hilft es, durch eigene Dokumentation dem Finanzamt den Wind aus den Segeln zu nehmen. Wenn Sie vor einer Vermietung Ihre Immobilie renovieren, listen Sie am besten genau auf, welche Arbeiten Sie planen, warum diese bislang noch nicht erledigt werden konnten und was möglicherweise schon gemacht worden ist.

Gleiches gilt für eine Mietersuche, die möglicherweise etwas länger dauert: Stellen Sie alles zusammen, was Ihre Vermietungsabsichten untermauert – Online-Inserate, der Auftrag für den Makler, Besichtigungstermine. Diese Dokumente reichen Sie am besten mit der Steuererklärung beim Finanzamt ein beziehungsweise halten diese für Rückfragen des Finanzamts bereit.

Vorweggenommene Werbungskosten

Wenn klar ist, dass Sie die Absicht haben, zu vermieten, dürfen Sie Werbungskosten geltend machen. Ist die Immobilie noch nicht vermietet, handelt es sich um sogenannte vorweggenommene Werbungskosten. Dazu zählen beispielsweise Renovierungskosten, Ausgaben für die Mietersuche oder auch Kosten für die Finanzierung – einschließlich möglicher Fahrtkosten.

Wichtig: Nutzen Sie in dieser Zeit die Wohnung keinesfalls selbst. Sonst dürfen Sie mögliche Werbungskosten nicht geltend machen.

Gemäß dem Zufluss-/Abfluss-Prinzip können Sie vorweggenommene Werbungskosten in dem Jahr in Ihrer Steuererklärung geltend machen, in dem Sie das Geld ausgegeben haben. Das ist sogar dann möglich, wenn Sie noch gar keine Wohnung gekauft haben – in solchen Fällen sollten Sie aber dem Finanzamt erklären, dass Sie ein Mietobjekt suchen. Auf diese Weise können Ihnen vorweggenommene Werbungskosten helfen, Ihre Steuerlast zu senken. Auch hier gilt – wer schreibt, der bleibt –, halten Sie Belege vor, zum Beispiel über Terminvereinbarungen für Besichtigungen.

Aufwendungen belegen

Für jede Ausgabe gilt: Sie sollten sie belegen können. Sammeln Sie für sämtliche Kosten, die im Zusammenhang mit der Vermietung stehen oder stehen könnten, die Quittungen. Terminvereinbarungen via E-Mail sind glaubhaft, um beispielsweise Fahrtkosten zu belegen.

Werbungskosten, für die Sie keinen Beleg bekommen haben und die Sie auch nicht beispielsweise per Kontoauszug nachweisen können, dürfen in Ausnahmefällen mit einem Eigenbeleg quittiert werden, zum Beispiel für Trinkgelder. Auch wenn Sie den Beleg verloren haben, dürfen Sie einen Eigenbeleg erstellen.

Sortieren Sie alle Belege zeitnah, und investieren Sie mindestens einmal im Monat etwas Zeit in Ihre Ablage – gleich, ob analog oder digital.

Finanzierungskosten

Kaum jemand kann eine Immobilie komplett aus eigenen Mitteln bezahlen. Meist ist ein größerer Kredit notwendig, um das Objekt zu erwerben. Im Zusammenhang damit fallen diverse Kosten an, die Sie sämtlich als Finanzierungskosten steuerlich geltend machen können. Dazu zählen etwa:

- Darlehenszinsen (nicht die Tilgung)
- Disagio (auch Damnum genannt. Das ist eine Zinsvorauszahlung für die Bank bei der Kreditaufnahme)
- Zwischenfinanzierungszinsen
- Bereitstellungszinsen beziehungsweise -gebühren
- Verzugszinsen
- Bank- und Vermittlungsgebühren
- Gebühren des Grundbuchamts
- Fachliteratur zu Finanzierungsfragen
- Fahrtkosten zur Bank
- Fotokopien oder Scans
- Porto
- Telefonkosten

Praxistipp: Wenn Sie für das Bankkonto, das Sie für Zahlungen rund um Ihre Immobilie nutzen, Kontoführungsgebühren zahlen müssen, dürfen Sie diese im gleichen Jahr als Werbungskosten abziehen. Wenn Sie kein separates Konto dafür führen und von

AUSFÜLLHINWEIS

S. 135

Einen Eigenbeleg erstellen

Es gibt zwar keine besonderen Formvorschriften für den Eigenbeleg. Er sollte aber folgende Punkte enthalten:

- den Betrag
- das Datum
- den Zweck
- den Empfänger oder die Empfängerin des Betrags inklusive Anschrift
- den Grund für den Eigenbeleg sowie
- Ihre Unterschrift

Wenn Sie es sich einfach machen möchten, nutzen Sie am besten unser Formular im Formularteil auf S. 135 dafür.

Die aktuellen Verpflegungspauschbeträge

Abhängig davon, wie lange Sie unterwegs sind, können Sie in Ihrer Steuererklärung Verpflegungspauschbeträge geltend machen.

Abwesenheitsdauer am Kalendertag	Pauschbetrag
bis zu acht Stunden	kein Pauschbetrag
mehr als acht Stunden	14 Euro
24 Stunden	28 Euro
An- und Abreisetag bei mehrtägigen Reisen	14 Euro

dem Konto auch andere Buchungen abgehen, können Sie entweder die Gebühren entsprechend den Buchungen aufteilen. Oder Sie probieren in diesem Fall, den Pauschbetrag für Kontoführungsgebühren in Höhe von 16 Euro pro Jahr einzubringen.

Fahrtkosten

Bei der Vermietung einer Immobilie fallen zahlreiche Fahrtkosten an. Das beginnt bereits vor der Anschaffung, etwa mit den Fahrten zur Maklerin oder zur Bank. Sie werden sicherlich mehrere Objekte besichtigen; Fahrtkosten zu Immobilien, die Sie doch nicht erwerben, gehören ebenfalls zu den Werbungskosten.

Anders steht es um Fahrten im Zusammenhang mit der Wohnung oder dem Haus, das Sie tatsächlich kaufen. Diese Fahrtkosten gehören prinzipiell zu den Anschaffungskosten (siehe dazu „Anschaffungskosten" ab S. 29) – beispielsweise die Fahrt zum Notar, um den Kaufvertrag zu beurkunden. In der Praxis beanstandet das Finanzamt es jedoch nicht, wenn auch diese Fahrtkosten bei den Werbungskosten aufgelistet sind.

Ist das Objekt einmal vermietet, werden Sie weiterhin regelmäßig hinfahren müssen – beispielsweise zur Kontrolle, für Reparaturen oder zu einer Eigentümerversammlung. Oder Sie fahren zur Hausverwaltung, weil Sie dort etwas in Sachen Immobilie erledigen müssen – oder in einen Baumarkt, um Material für Renovierungen zu besorgen. Auch diese Fahrtkosten dürfen Sie geltend machen:

- ➜ eine Pauschale in Höhe von 0,30 Euro pro gefahrenen Kilometer, wenn Sie Ihr eigenes Auto benutzen. Der Bundesfinanzhof hat bereits vor mehreren Jahren entschieden, dass Vermieter diese Fahrtkosten pro gefahrenen Kilometer geltend machen dürfen.
- ➜ Waren Sie mit dem Motorrad unterwegs, können Sie 0,13 Euro pro gefahrenen Kilometer ansetzen.
- ➜ Sind Sie mit öffentlichen Verkehrsmitteln angereist, sind die Kosten des Tickets maßgeblich.
- ➜ Auch Ausgaben für Taxifahrten zum Mietobjekt zählen zu den Fahrtkosten.

Liegt die Immobilie weiter entfernt, müssen Sie möglicherweise am Ort übernachten – das sind ebenfalls Ausgaben, die zu den Werbungskosten zahlen. Für die Verpflegung akzeptiert das Finanzamt Pauschbeträge, je nachdem, wie lange Sie von zu Hause abwesend waren. Die aktuellen Pauschbeträge finden Sie in der Tabelle links oben.

Praxistipp: Gerade bei Fahrten wird schnell mal eine Ausgabe vergessen oder übersehen. Oder man denkt nicht an Kleinigkeiten, wie beispielsweise Park- oder Telefonkosten. Daher dokumentieren Sie am besten jede Fahrt zur Immobilie. In der Checkliste („Reisekostenabrechnung", S. 137) können Sie sämtliche Kosten eintragen. Speichern Sie für jede Fahrt eine eigene Datei ab. Auf diese Weise haben Sie automatisch eine Dokumentation, falls das Finanzamt doch einmal nachfragt.

Arbeitszimmer

Ein häusliches Arbeitszimmer können Sie steuerlich nicht im Bereich der Werbungskosten geltend machen, denn der Mittelpunkt der Vermietungstätigkeit liegt nicht in Ihrem Büro daheim. Das aber wäre grundsätzlich die Voraussetzung dafür, dass Sie die anteiligen Kosten für das Arbeitszimmer in der Steuererklärung angeben dürfen.

Die gute Nachricht ist: Die während der Corona-Pandemie gesetzlich eingeführte Homeoffice-Pauschale ist auch für Vermieter relevant, und zwar dann, wenn Ihnen für die Tätigkeiten im Zusammenhang mit der Immobilie kein anderer Arbeitsplatz zur Verfügung steht. Diese Pauschale in Höhe von 6 Euro pro Tag (maximal 1 260 Euro pro Jahr und pro Steuerpflichtiger) dürfen Sie für jeden Kalendertag geltend machen, an dem Sie daheim für Ihre Vermietung tätig sind.

Mit der Homeoffice-Pauschale sind Kosten wie die anteilige Wohnungsmiete oder Gebäudeabschreibung sowie Ausgaben für Strom, Heizung und Müllgebühren dann abgegolten.

CHECKLISTE

Das sind typische Werbungskosten

Wenn Sie Ihre Eigentumswohnung oder Ihr Haus vermieten, können Sie im Prinzip alle Ausgaben, die im Zusammenhang mit der Immobilie entstehen, als Werbungskosten steuerlich geltend machen. Dazu gehören beispielsweise diese Ausgaben:

- ☐ **Abschlussgebühr** für verwendeten Bausparvertrag
- ☐ **Anzeigen** im Zusammenhang mit der Mietersuche
- ☐ **Maklergebühren**
- ☐ **Fahrtkosten** zur Immobilie
- ☐ **Verpflegungspauschbeträge** und Übernachtungskosten
- ☐ **Finanzierungskosten** (Zinsen und andere Ausgaben, Bereitstellungsgebühren)
- ☐ **Erbbauzins**
- ☐ **Energieausweis**
- ☐ **Mietvertragsformulare**
- ☐ **Beiträge** für Haus und Grund sowie andere Vermieterverbände
- ☐ **Verwaltungskosten**, z. B. Hausverwaltung
- ☐ **Aufwendungen** für Korrespondenz und Telefonate mit Mietern
- ☐ **Kosten** für Fachliteratur wie beispielsweise dieses Buch
- ☐ **Ausgaben** für Software für die Vermietung
- ☐ **Homeoffice-Pauschale**
- ☐ **Kontoführungsgebühr**
- ☐ **Versicherungsbeiträge** (etwa Gebäudeversicherung, Bauherren-Haftpflichtversicherung, Mietausfallversicherung)
- ☐ **Grundsteuer**
- ☐ **Kosten** für Kabelanschluss oder Sat-Anlage
- ☐ **Reparaturen** und Wartungskosten
- ☐ **Ausgaben** für Hausmeister und Hausverwaltung
- ☐ **Pflege** des Gartens
- ☐ **Weitere Betriebskosten** der Immobilie
- ☐ **Rechtsanwalts- und Prozesskosten** bei Mietstreitigkeiten

Achtung: Die Tagespauschale kann auch bei mehreren betrieblichen oder beruflichen Tätigkeiten in der häuslichen Wohnung je Kalendertag nur einmal abgezogen werden. Das heißt: pro Steuerpflichtigem und Jahr in Summe 1260 Euro in der gesamten Steuererklärung, bei Ehepartnern gibt es den doppelten Betrag.

UNSER RAT

Gemischte Beratung

Kosten zuordnen: Wenn Sie die Hilfe einer Steuerberaterin oder eines Steuerberaters in Anspruch nehmen, können Sie nur die Kosten ansetzen, die sich der Einkunftsart Vermietung und Verpachtung zuordnen lassen. Allerdings haben Sie möglicherweise auch andere Kosten – beispielsweise für Fachliteratur (wie dieses Set) oder für eine Steuersoftware, die Sie geltend machen können.

Vereinfachungsregelung nutzen: Manche Ausgaben betreffen sowohl das Private als auch die Vermietung und sind nicht klar zu trennen. Die Finanzverwaltung macht es Ihnen hier mit einer Vereinfachungsregelung etwas leichter: Belaufen sich die gemischten Kosten auf nicht mehr als 100 Euro, dürfen Sie diese ohne Aufteilung bei einer Einkunftsart Ihrer Wahl in voller Höhe als Werbungskosten oder Betriebsausgaben ansetzen. Ausgaben zwischen 100 und 200 Euro dürfen Sie mit einem Betrag von 100 Euro bei einer Einkunftsart Ihrer Wahl geltend machen, der Rest bleibt unberücksichtigt. Betragen die Kosten mehr als 200 Euro, dürfen Sie 50 Prozent ansetzen – auch hier bleibt der Rest steuerlich unberücksichtigt.
(Quelle: BMF-Schreiben IV B 2 – S 2144/07/0002)

Nebenkosten

Alle laufenden Nebenkosten, die Sie im Zusammenhang mit Ihrer Eigentumswohnung oder Ihrem Haus entrichten müssen, dürfen Sie als Werbungskosten in der Steuererklärung angeben. Einen Großteil werden Sie wahrscheinlich auf Ihre Mieter umlegen. Wenn Sie die Betriebskosten als Werbungskosten steuerlich geltend machen, müssen Sie auch die eingenommenen Nebenkostenvorauszahlungen auflisten.

Sonderfall Abschreibung

Nicht alle Ausgaben für die Immobilie sind sofort vollständig abzugsfähig (siehe dazu Kapitel 2 ab S. 21).

Sämtliche Aufwendungen im Zusammenhang mit der Anschaffung der Immobilie oder dem Bau müssen auf mehrere Jahre verteilt werden. Dadurch ergeben sich für jedes Jahr Abschreibungsbeträge. Diese wiederum sind als Werbungskosten abzugsfähig und können jedes Jahr steuerlich angesetzt werden.

Abschreibungen können Sie allerdings nur für die Immobilie geltend machen. Kosten im Zusammenhang mit dem Grundstück (Anteil für Grund und Boden) können nicht abgeschrieben werden. Das Finanzamt möchte hier immer einen Nachweis für den Aufteilungsmaßstab sehen, entweder über das Berechnungsschema der Finanzverwaltung oder durch eine plausible Kaufpreisaufteilung im notariellen Kaufvertrag (siehe dazu auch „Abschreibung und Verkehrswert“, ab S. 21).

Wenn Sie Ihr Mietobjekt renovieren oder modernisieren, wird darüber hinaus auch darin unterschieden, welche Art von größeren Arbeiten Sie an Ihrer Immobilie vornehmen.

Erhaltungsaufwand oder Herstellungskosten?

Wann sofort absetzen, wann abschreiben? Bei Immobilien fallen in regelmäßigen Abständen größere Arbeiten an. Wie sie steuerlich behandelt werden, hängt davon ab, ob es um Erhaltungsaufwand oder Herstellungskosten geht.

Nach dem Hauskauf ist vor den Kosten. Das heißt: Wenn Sie eine Immobilie kaufen oder bauen, muss immer wieder etwas renoviert, erneuert oder gar saniert werden. Manchmal handelt es sich um finanzielle Kleinigkeiten, manchmal müssen Sie größere Beträge investieren. Diese größeren Summen sind steuerlich relevant – allerdings auf unterschiedliche Art und Weise: Das Finanzamt unterscheidet zwischen Erhaltungs- und Herstellungsaufwand. Diese Differenz ist erheblich, steuerlich betrachtet. Denn Erhaltungsaufwendungen können Sie sofort – das heißt noch im selben Jahr – als Werbungskosten geltend machen, Herstellungsaufwand müssen Sie abschreiben.

Was ist Erhaltungsaufwand?

Zum Erhaltungsaufwand werden sämtliche Arbeiten gerechnet, die dazu dienen, eine Immobilie in ihrer Substanz zu erhalten. Es wird also etwas bereits Vorhandenes instand gehalten oder gesetzt, renoviert oder modernisiert.

Das Finanzamt fragt nicht danach, ob der Erhaltungsaufwand zwingend notwendig war – das ist allein Ihre Entscheidung. Gleich, ob es sich um die Heizungsanlage, die Elektrik, Fenster und Türen oder die Reparatur des Daches handelt: All das kann zum Erhaltungsaufwand zählen.

Weitere Beispiele für Erhaltungsaufwand sind:

- die Renovierung des Bades,
- der Anstrich der Außenfassade und/ oder Anbringen von Dämmelementen,
- der Einbau von Sicherheitsschlössern oder Türsprechanlagen,
- der Ersatz von Herd und Spüle oder auch
- neue Fußbodenbeläge.

Wenn Sie Ihre Immobilie mit zusätzlichen Elementen versehen, um Schäden zu beseitigen oder abzuwenden, können Sie die Kosten dafür ebenfalls als Erhaltungsaufwand ansetzen. Dazu zählt zum Beispiel die Überdachung von Wohnungseingängen. **Praxistipp:** Denken Sie auch an alle kleineren Beträge, die im Zusammenhang mit Erhaltungsaufwand anfallen – etwa für Fahrtkosten, Telefon oder Trinkgeld. Falls Ihnen für die jeweilige Ausgabe kein Beleg vorliegt, erstellen Sie einen Eigenbeleg (siehe S. 49 und Vorlage im Formularteil, S.135).

Sie haben die Wahl

Handwerkerkosten können ins Geld gehen und auch bei der Erhaltung Ihrer Immobilie für hohe Rechnungsbeträge sorgen. Bei größerem Aufwand dürfen Sie selbst entscheiden, ob Sie die Ausgaben in dem Jahr, in dem sie entstanden sind, absetzen oder ob Sie den betreffenden Betrag auf zwei bis fünf Jahre verteilen. Was im individuellen Fall die richtige Wahl ist, lässt sich nicht verallgemeinern.

Ein Beispiel: Vor dem Einzug des neuen Mieters im Jahr 2024 haben Sie zwar Küche und Gäste-WC neu gefliest, das Badezimmer aber noch im ursprünglichen Zustand belassen, weil noch kein Renovierungsbedarf bestand. In Absprache mit Ihrem Mieter lassen Sie nun im Jahr 2025 auch neue Boden- und Wandfliesen im Bad anbringen, erneuern Waschbecken und Schränke sowie die Trennwand zur Badewanne. Die Handwerkerfirma stellt Ihnen dafür 10 000 Euro in Rechnung. Sie haben nun die Wahl:

- ➔ **Möglichkeit 1:** Sie können den Betrag in der Steuererklärung für das Jahr 2025 in einer Summe als Werbungskosten geltend machen.
- ➔ **Möglichkeit 2:** Sie setzen in den Jahren 2025 bis 2029 jeweils 2 000 Euro an – oder alternativ 5 000 Euro in den Jahren 2025 und 2026.

Eine Entscheidung hängt von Ihrer finanziellen und steuerlichen Situation ab. Wenn Ihr Einkommen schwankt oder Sie ein geringeres Einkommen haben, ist die Verteilung auf mehrere Jahre möglicherweise sinnvoll. Denn nur wer Steuern zahlen muss, kann auch Steuern sparen. Ist Ihr Einkommen gleichbleibend und auf höherem Niveau, kann es sich rechnen, die Beträge sofort vollständig abzusetzen.

Standardsprung und Erweiterung

Grundsätzlich gilt: Steigern Sie mit Ihren Maßnahmen die Qualität des Gebäudes oder erweitern Sie Wohnraum, handelt es sich nicht um Erhaltungs-, sondern um Herstellungsaufwand. Das Finanzamt stellt unter anderem auf den „Standardsprung" ab.

Beim Erhaltungsaufwand sind zwei Kategorien voneinander zu unterscheiden.

- ➔ **Kategorie 1 (Standard):** Wenn es um Reparaturen geht, die auf einen normalen heutigen Standard abzielen, erhöht das zwar die Qualität; die Aufwendungen dafür sind allerdings trotzdem Erhaltungsaufwand. Beispiele dafür sind der Ersatz von Leitungen über Putz oder der Austausch von Wasserhähnen ohne Mischbatterie.
- ➔ **Kategorie 2 (Standardsprung):** Anders verhält es sich, wenn die aktuellen Installationen luxuriös auf eine neue Standardebene gebracht werden. Beispiele für einen solchen Standardsprung sind etwa Wasserhahn-Installationen mit Touch-Sensor und Handy-App. Die Kosten dafür müssen über die Nutzungsdauer der Immobilie abgeschrieben werden (siehe „Anschaffungskosten und Verkehrswert", S. 21). Bringt Ihre Umbaumaßnahme hingegen mehr Fläche als vorher, etwa, wenn Sie Räume anbauen, das Gebäude aufstocken oder einen Aufstellbalkon errichten, dann geht das Finanzamt von einer Erweiterung aus. Ein Mehr an Fläche stellt immer Herstellungskosten dar, und diese müssen abgeschrieben werden.

Vom Büro zum Wohnraum

Keine Regel ohne Ausnahme: Wenn Sie Ihre Immobilie umbauen, um die Funktion des Objekts zu ändern, können die Aufwendungen als Erhaltungsaufwand eingestuft werden. Das entschied das Finanzgericht Münster (Az. 12 K 3193/12). Im zugrunde liegenden Fall wurden mehrere Eigentumswohnungen gewerblich genutzt und an eine Versicherung vermietet. Nach Auszug der Firma wurden die Wohnungen renoviert, Wände versetzt und Türen zugemauert, um sie privat vermieten zu können. Die Grundflächen der Wohnungen blieben aber unverändert. Das Gericht entschied, dass die Aufwendungen nicht zur Erstellung neuen Wohnraums getätigt wurden und daher als Erhaltungsaufwand bei den Werbungskosten sofort abzugsfähig waren.

Das Finanzamt schaut außerdem darauf, ob Sie die Immobilie „wesentlich verbessern". Hierzu vergleichen die Sachbearbeiter und den Wohnstandard und gehen dann von einer wesentlichen Verbesserung aus, wenn Arbeiten in mindestens drei zentralen Bereichen zu einem höheren Standard führen. Zu diesen zentralen Bereichen gehören

- die Heizungsanlage,
- die Sanitärausstattung,
- Elektroinstallationen und Informationstechnik,
- Fenster und Dämmung.

Baumaßnahmen, die das Gebäude auf einen höheren Standard bringen, zählen laut Finanzverwaltung zu den Anschaffungskosten. Die Aufwendungen können also nur über mehrere Jahre verteilt abgeschrieben werden. Wann welcher Standard vorliegt, hat das Bundesfinanzministerium vor einigen Jahren in einem Schreiben festgelegt, siehe dazu nebenstehende Tabelle „Auf den Standard kommt es an".

Beispiele nennt das Bundesfinanzministerium nur für den sehr einfachen Wohnungsstandard. Dieser liegt etwa in folgenden Fällen vor:

- Das Bad besitzt kein Handwaschbecken.
- Das Bad ist nicht beheizbar.
- Eine Entlüftung ist im Bad nicht vorhanden.
- Die Wände im Bad sind nicht überwiegend gefliest.
- Die Badewanne steht ohne Verblendung frei.
- Es ist lediglich ein Badeofen vorhanden.
- Die Fenster haben nur eine Einfachverglasung.
- Es ist eine technisch überholte Heizungsanlage vorhanden (zum Beispiel Kohleöfen).
- Die Elektroversorgung ist unzureichend.

Die Gewerke können auch zusammentreffen: Wenn Sie zum Beispiel einen Teil des Gebäudes erweitern, weil Sie das Dachgeschoss ausbauen, und zusätzlich in mindestens zwei zentralen Bereichen den Standard verbessern, geht das Finanzamt grundsätzlich von einer Anhebung des Standards aus. Die Folge: Die Ausgaben werden den abschreibungspflichtigen Anschaffungskosten zugeschlagen. Sie können aber auch erst einmal versuchen – solange kein dritter Bereich dazukommt –, die Kosten als Erhaltungsaufwand geltend zu machen, und argumentieren, dass es sich beim Dachausbau um neue Fläche handelt.

Praxistipp: Der Gesetzgeber möchte vermeiden, dass Sie mithilfe einer „Sanierung in Raten" dafür sorgen, dass die Kosten nicht unter Herstellungsaufwand fallen. Denn dann würden sie sich nur über mehrere Jahre abschreiben lassen. Unter Sanierung in Raten versteht die Finanzverwaltung Baumaßnahmen, die für sich gesehen nicht zu einer wesentlichen Verbesserung führen, aber als Teil einer Gesamtsanierung

Auf den Standard kommt es an

Das Finanzamt schaut darauf, ob Sie die Immobilie „wesentlich verbessern" und vergleicht den Wohnstandard. Darauf müssen Sie achten.

Standard	liegt vor, wenn
sehr einfach	die zentralen Ausstattungsmerkmale nur im nötigen Umfang oder in einem technisch überholten Zustand vorhanden sind
mittel	die zentralen Ausstattungsmerkmale durchschnittlichen und selbst höheren Ansprüchen genügen
sehr anspruchsvoll	bei dem Einbau der zentralen Ausstattungsmerkmale nicht nur das Zweckmäßige, sondern das Mögliche, vor allem durch den Einbau außergewöhnlich hochwertiger Materialien, verwendet wurde (Luxussanierung)

Quelle: BMF v. 18.07.2003 – IV C 3 – S 2211 – 94/03

UNSER RAT

Es geht auch günstig

Weniger als 4 000 Euro: Bei all den komplizierten Vorgaben rund um Erhaltungsaufwand oder Herstellungskosten gibt es auch einen vereinfachenden Lichtblick. Denn bei Ausgaben unter 4 000 Euro netto dürfen Sie auf Antrag die entsprechenden Kosten als Erhaltungsaufwand angeben und damit sofort im Jahr der Zahlung vollständig als Werbungskosten abziehen.

Antrag: Den Antrag stellen Sie, indem Sie die Rechnung plus Umsatzsteuer in der **Anlage V** (siehe Formularteil, Zeilen 55 bis 56) als Erhaltungsaufwand auflisten. Der Betrag gilt für jede einzelne Baumaßnahme separat. Sie dürfen aber nicht einen größeren Bauauftrag in kleinere Häppchen unterteilen.

über mehrere Jahre zu einem höheren Standard führen. Das Finanzamt macht eine solche Sanierung in Raten grundsätzlich daran fest, dass die Arbeiten in einem Zeitraum von fünf Jahren vorgenommen wurden. Sie sollten daher darauf achten, binnen fünf Jahren den Standard in maximal zwei zentralen Bereichen zu verbessern, und weitere Sanierungsarbeiten auf die Zeit danach verschieben. So können Sie gegebenenfalls die Kosten als Erhaltungsaufwand geltend machen und so sofort absetzen.

Ein Beispiel: Stefanie möchte als Altersvorsorge in eine Immobilie investieren und ist daher auf der Suche nach einem vermietbaren Mehrfamilienhaus. Bislang hat sie kein ansprechendes Objekt mit moderner Ausstattung gefunden und entschließt sich, in ein Haus zu investieren, das saniert werden muss. Um die Sanierung finanziell zu strecken, erweitert sie im ersten Jahr die Sanitärinstallationen. Im zweiten Jahr ersetzt sie die Nachtspeicheröfen im Haus durch eine neue Heizungsanlage. Im dritten Jahr tauscht sie die einfach verglasten Fenster durch Isolierglasfenster aus. Für sich genommen, machen die jeweiligen Sanierungsvorhaben keine wesentliche Verbesserung aus. Da sie jedoch Teil einer Gesamtmaßnahme sind und sich planmäßig über mehrere Jahre erstrecken, geht das Finanzamt von einer Sanierung in Raten aus. Denn das Gesamtvorhaben führt zu einer wesentlichen Verbesserung.

Vorsicht: Anschaffungsnahe Herstellungskosten

Aber auch bei bestimmten Renovierungskosten kann das Finanzamt verlangen, dass die Ausgaben den Anschaffungskosten Ihrer Immobilie zugerechnet und über die Jahre abgeschrieben werden müssen. Diese sogenannten anschaffungsnahen Herstellungskosten greifen unter zwei Bedingungen:

- ➜ **Erstens:** Die Aufwendungen für die Renovierung sind so hoch, dass sie 15 Prozent der Anschaffungskosten der Immobilie übersteigen (es gilt der Nettobetrag ohne Umsatzsteuer).
- ➜ **Zweitens:** Die entsprechenden Ausgaben fallen innerhalb der ersten drei Jahre nach Kauf oder Bau des Objekts an.

Diese Drei-Jahres-Frist läuft mit dem Tag der Anschaffung an und endet exakt nach drei Jahren. Sie können als Vermieter also die Frist im Auge behalten und nach Ende dieses Zeitraums mit größeren Renovierungsarbeiten beginnen.

Umgekehrt gilt: Alle Baumaßnahmen, die Sie innerhalb der drei Jahre vornehmen, gelten als eine Einheit und werden zusammengerechnet – auch wenn sie einzeln betrachtet unter der Grenze von 15 Prozent der Anschaffungskosten liegen. Es ist auch unerheblich, ob die Bauarbeiten fertiggestellt wurden oder wann Sie die Rechnungen bezahlen.

Ein Beispiel: Sie haben eine vermietete Eigentumswohnung gekauft, nach Abzug des Grundstückswerts verbleibt ein abzuschreibender Anschaffungsbetrag von 200 000 Euro. Nach einem Jahr steht ein Mieterwechsel bevor, und Sie nutzen die Gelegenheit, um die Wohnung umfassend zu renovieren.

Sie lassen Parkett neu verlegen sowie Holzdielen abschleifen, die Wohnung streichen, Bad und Küche fliesen samt neuer Installationen, und Sie ersetzen die Gegensprechanlage. Aufgrund von Schlagregen lassen Sie auch den Balkon überdachen. Insgesamt belaufen sich sämtliche Handwerkerrechnungen auf 36 890 Euro – ohne Umsatzsteuer also 31 000 Euro. Damit reißen Sie die Grenze von 15 Prozent der Anschaffungskosten (= 30 000 Euro) mit der Folge, dass der Betrag den Anschaffungskosten der Immobilie zugeschlagen und mit diesen abgeschrieben werden muss.

Praxistipp: Behalten Sie den Überblick über sämtliche Modernisierungen und planen Sie anhand von Kostenvoranschlägen vor allem im Drei-Jahres-Zeitraum sehr genau. Gerade wenn es sich um mehrere oder aufschiebbare Instandsetzungen handelt, sollten Sie gegebenenfalls einen Teil der Arbeiten auf später verlegen.

Ist die Immobilie geerbt oder geschenkt?

Wenn Ihnen keine Anschaffungskosten für Ihre Immobilie entstanden sind, können Sie auch keine anschaffungsnahen Herstellungskosten haben. Dies ist dann der Fall, wenn Ihnen das Objekt vererbt oder geschenkt wurde. Dann können Sie die Kosten direkt absetzen. Auch Ausgaben für laufende, jährlich anfallende Erhaltungsarbeiten dürfen Sie in jedem Fall direkt als Werbungskosten steuerlich geltend machen, beispielsweise die Wartung der Heizungsanlage oder den Austausch von Verschleißteilen (siehe S. 48).

Komplizierter wird es, wenn eine Immobilie nicht vollständig gekauft oder verschenkt beziehungsweise vererbt wird, sondern beides miteinander kombiniert wird – das nennt man einen „teils entgeltlichen Erwerb". Das kommt häufig vor, wenn Eltern oder Schwiegereltern die Erbfolge schon zu Lebzeiten regeln möchten.

Ein Beispiel: Ihre Schwiegereltern besitzen ein Doppelhaus mit Garten. Sie möchten Ihnen die vermietete Doppelhaushälfte übertragen, aber die andere Hälfte weiterhin selbst bewohnen. Sie einigen sich darauf, dass Sie für die vermietete Hälfte einen Kaufpreis zahlen. Gleichzeitig wird den Schwiegereltern für die andere Hälfte ein lebenslanges Wohnrecht eingeräumt. In diesem Fall handelt es sich um einen teils entgeltlichen, teils unentgeltlichen Erwerb. Wichtig dabei: Das lebenslange Wohnrecht zählt nicht als Gegenleistung, sondern mindert lediglich den Wert des unentgeltlich übertragenen Teils. Wie wird das steuerlich behandelt?

Entgeltlicher Teil: Der Kaufpreis für die vermietete Doppelhaushälfte ist die Grundlage für die Abschreibung. Das Finanzamt darf den Kaufpreis nicht auf das gesamte Haus verteilen, da die vertragliche Vereinbarung zwischen Ihnen und den Schwiegereltern zählt.

Unentgeltlicher Teil: Für die Doppelhaushälfte mit Wohnrecht wird kein Kaufpreis gezahlt. Dieser Teil gilt als Schenkung. Allerdings wird der Wert der Schenkung um das Wohnrecht gemindert. Der Wert des Wohnrechts wird abhängig von Mietwert und Lebenserwartung berechnet.

Wichtig: Eine klare vertragliche Regelung ist entscheidend, weil sie bestimmt, wie der Vorgang steuerlich aufgeteilt wird. Für den geschenkten Teil kann Schenkungssteuer anfallen, wenn die Freibeträge überschritten werden. Bei Schwiegerkindern liegt der Freibetrag bei 20000 Euro, bei Kindern bei 400000 Euro.

Verluste mit anderen Einkünften verrechnen

Wenn sich (noch) kein Gewinn ergibt, dürfen Sie das negative Ergebnis aus Ihrer Vermietung als Verlust behandeln: verrechnen, rücktragen oder sogar vortragen (Verlustabzug).

Vor allem für Neu-Vermieterinnen und -Vermieter ergeben sich häufig nicht von Anfang an Gewinne. Gerade im Jahr der Anschaffung, nach umfassender Mietersuche, bei größeren Sanierungen oder vorübergehendem Leerstand kann es dazu kommen, dass sich unterm Strich ein Verlust ergibt. Steuerlich ist dieser Verlust nicht uninteressant, da er mit anderen Einkunftsarten verrechnet werden kann.

Zunächst einmal prüft das Finanzamt, ob bei einer anderen Immobilie, die Sie vermietet haben, positive Einkünfte in dem betreffenden Jahr vorliegen. Dann wird der Verlust aus dem einen Objekt mit dem Gewinn aus der anderen Immobilie verrechnet. Dies ist der sogenannte horizontale Verlustausgleich.

AUSFÜLLHINWEIS

S. 122

Anlage Sonstiges

Falls Ihre Einkünfte in den zurückliegenden Jahren niedrig waren oder Sie in den kommenden Jahren mit einem höheren Einkommen rechnen, können Sie auf Antrag auf den Verlustrücktrag verzichten. Tragen Sie in der Anlage für Sonstige Angaben und Anträge in der **Zeile 18** „Ich beantrage / Wir beantragen von einem Verlustrücktrag nach § 10d EStG in die Jahre 2023 und 2022 abzusehen." eine 1 ein.

Ist dies nicht der Fall oder verfügen Sie „nur" über eine Eigentumswohnung oder ein vermietetes Haus, wird der Verlust aus Vermietung und Verpachtung mit Ihren anderen Einkünften saldiert – beispielsweise mit Ihren Arbeitnehmereinkünften oder Einkünften aus Gewerbebetrieb. Dies wird als vertikaler Verlustausgleich bezeichnet.

Sollte dann immer noch ein Verlustbetrag übrig bleiben, geht das Finanzamt steuerlich in die beiden Vorjahre. Die negativen Einkünfte werden dann vom Gesamtbetrag der Einkünfte des vorangegangenen Steuerjahrs beziehungsweise des Jahres davor abgezogen. Dies führt dann dazu, dass Sie für die beiden Jahre Steuern, die Sie gezahlt haben, teilweise erstattet bekommen.

Gab es in den beiden Jahren keine oder nicht ausreichend positive Einkünfte, bleibt der Verlustvortrag in die Zukunft. Dann wird der Verlust für kommende Steuerjahre geparkt und mit möglichen positiven Einkünften verrechnet.

Allerdings erkennt das Finanzamt Verluste nur dann an, wenn Sie wirklich die Absicht haben, mit der Vermietung Ihrer Immobilie Gewinne zu erzielen. Erwirtschaften Sie über längere Zeit Verluste, müssen Sie die sogenannte Gewinnerzielungsabsicht beziehungsweise eine totale Überschuss-Prognose nachweisen. Ansonsten geht die Finanzverwaltung davon aus, dass Sie die Vermietung nicht ernsthaft betreiben – mit der Folge, dass Sie auch keine Ausgaben geltend machen können (siehe „Vorsicht Liebhaberei", S. 66).

INTERVIEW

Tipps: So klappt's mit dem Finanzamt

Wer vermietet, ist verpflichtet, eine Einkommenssteuererklärung abzugeben. Wie kommt diese zum Finanzamt? Welche Belege muss man einreichen? All solche Fragen lassen sich nicht immer pauschal beantworten, so unsere Expertin Sabine Radecki. Sie ist Steuerberaterin in Frankfurt/M. und zertifizierte Beraterin für Immobilienbesteuerung und Immobilienverwaltung. Sie gibt Tipps für den Umgang mit dem Fiskus.

Frau Radecki, welche Unterlagen benötige ich als Vermieter oder Vermieterin fürs Finanzamt unbedingt?

Klassischerweise brauchen Sie den Mietvertrag, den notariellen Kaufvertrag, alles, wo es um die grundlegenden Dinge geht. Wenn man andere essenziellen Verträge im Rahmen der Vermietung abschließt und auch diese absetzen möchte, sollte man die Rechnungen zur Verfügung haben. Aber sonst – vor allem bei Mieterwechsel – den Mietvertrag und dann natürlich Belege für den Kaufpreis und die Kaufpreisaufteilung, also wie man Grund und Boden und Gebäude bewertet hat. Auch da muss man belegen können, wie man zu gegebenenfalls abweichenden Feststellungen gekommen ist. Das kann beispielsweise auch durch ein Gutachten sein.

Welche Dokumente oder Belege sollte ich Ihrer Erfahrung nach auf Anfrage vorhalten? Wie sollten diese gestaltet sein?

Das Finanzamt stellt derzeit um auf papierlose Korrespondenz, sie möchten gerne immer alles als „sonstige Nachricht" haben oder oder über die Funktion, bei der Belege nachgereicht werden können. All das entweder über die ELSTER-Schnittstelle, also eine elektronische Kopie als PDF-Datei oder über das Steuerprogramm, das man nutzt. Hauptsache, die Steuernummer ist drin, dann kommt das Finanzamt schon klar. Papier verlangt das Finanzamt selten. Man sollte im Grunde jede Ausgabe, die man hat, belegen können. Das Finanzamt schaut sich klassischerweise den Mietvertrag an und gerade bei Neuanschaffung den Notarvertrag, die Aufteilung Grund und Boden. Diese Belege sollte man auf jeden Fall vorhalten, und sie sollten leicht nachvollziehbar sein in ihrer Berechnung – oder man muss es dem Finanzamt so aufbereiten, dass die Mitarbeiter, wenn sie die Unterlagen prüfen möchten, wenig darüber nachdenken müssen. Je weniger die Beamten nachfragen müssen, desto wahrscheinlicher ist es, dass sie es einfach durchwinken. Gerade wenn größere Investitionen oder Reparaturen vorgenommen werden, sollte man auf jeden Fall vorsorglich die Belege digitalisieren, wenn man das nicht sowieso schon in einer elektronischen Akte hat. Man sollte sich darauf gefasst machen, dass das Finanzamt, gerade bei größeren Reparaturen, mindestens die fünf höchsten Rechnungen sehen möchte.

Wie lange muss ich Belege aufbewahren – also auch die, die der Fiskus nicht will?

Grundsätzlich ist ein Zeitraum von zehn Jahren nicht verkehrt – und es gibt ja durchaus Fälle, wo der Mieter 15 Jahre bleibt. Solange der Mietvertrag gültig ist, sollte ich den behalten. Wenn der Steuerbescheid final festgesetzt ist, könnte man die Sachen theoretisch wegwerfen, aber besser ist es, die Unterlagen zehn Jahre aufzubewahren.

In welchen Fällen kommt das Finanzamt bei der Steuererklärung auf Vermieter zu?

Klassischerweise, wenn die Immobilie angeschafft wird: Es möchte den Mietvertrag sehen, die Kaufpreisaufteilung von Grund und Boden und Gebäude für die Abschreibung, das wird auch immer angefragt. Meiner Erfahrung nach sind das so die Anfangsschwierigkeiten, wo die Korrespondenz mal umfangreicher sein kann. Und dann, wenn sich das so eingependelt hat, meldet sich das Finanzamt eigentlich nur noch, wenn größere Aufwendungen, Reparaturen bei der Vermietung anstehen oder es zu Verlusten kommt – also, wenn es dauerhaft verlustig ist, dann kann auch schon mal nachgefragt werden. Meiner Erfahrung nach sollte es nach vier, fünf Jahren schon in eine positivere Richtung gehen.

Was prüft der Fiskus bei Vermietung?

Vor allem das, was beim Mietvertrag abgeschlossen wurde, der ja auch dem Finanzamt vorliegt: Stimmen die Einnahmen im Wesentlichen mit dem überein, was in der Steuererklärung drin ist? Wenn das krass nach unten abweicht, dann möchten die Bearbeiter schon gerne wissen, wieso, weshalb, warum? Was auch Nachfragen provoziert: Wenn viel Leerstand oder dauerhafter Leerstand vorliegt, da wird auch nachgehakt – ebenso bei wechselnden Mietern.

Wovon sollte man die Finger lassen?

Ganz klar: viel zu günstige Vermietung an Angehörige. Ansonsten würde ich aus der Erfahrung in unserer Kanzlei sagen: Wenn man ein Steuercoaching bei einem sogenannten Steuer-Coach macht, dann sind bestimmt ein paar ganz gute Tricks dabei. Es kann aber auch zu extrem werden, etwa, wenn man die Hälfte der Immobilie zu einem Darlehen mit einem Zinssatz von 15 Prozent an einen Angehörigen übergibt. Im Grunde ist alles, was ins Extreme geht und mithilfe der Verwandtschaft gestaltet werden soll, sehr kritisch zu sehen: Ich würde sagen, besser die Finger davon lassen, die Gier darf einfach nicht das Hirn fressen. Und der Fiskus ist streng!

Welche Rolle spielt der persönliche Kontakt mit Sachbearbeitern?

Grundsätzlich sollte der Kontakt freundlich sein. Und ansonsten würde ich dem Ganzen gar nicht so viel Wert und Bedeutung beimessen.

Abgesehen von der digitalen Steuererklärung: Was ist im Vermieteralltag eher zu empfehlen – digitale oder analoge Belege und Nachrichten?

Ich würde mich klar für die digitale Abwicklung aussprechen, gerade wenn man ein Programm nutzt, kann man ja auch Belege schnell nachreichen. Man muss das, was man macht, einmal verstehen und durchdenken und immer einmal schauen, sind die Angaben, die ich da mache, zielführend, bringen sie mich weiter? Was auf jeden Fall hilft, die klassischen Verdächtigen, also Mietverträge, Notarvertrag, alles, was man im Verlauf der Vermietung an Unterlagen erhält, schon einmal einzuscannen, sprich digital abzulegen. Dann hat man sie schnell griffbereit. Und ansonsten, wenn es möglich ist, immer Belege digital ablegen, dass sie da sind, wo sie sein sollten, dass man wegkommt vom Schuhkarton.

Ist bei digitaler Einreichung eine beschleunigte Bearbeitung zu erwarten?

Das kommt immer ein bisschen drauf an. Was ist aus Finanzamtssicht schnell? Sechs Wochen oder sechs Wochen bis drei Monate Bearbeitung – das ist aus Sicht des Finanzamts flott. Üblich sind eigentlich so drei bis sechs Monate, manchmal aber auch neun. Bei Belegen beschleunigt die digitale Einreichung die Bearbeitung definitiv. Wenn Belege angefordert werden und man sie über die ELSTER-Schnittstelle nachreicht, ist das definitiv schneller, weil die Belege direkt der Steuernummer zugeordnet werden oder auch dem Steuerfall allgemein. Und dann geht das in der Regel ganz fix.

Was sollte ich prüfen, wenn der Steuerbescheid da ist?

Ganz wichtig: Es gibt eine Einspruchsfrist von vier Wochen, wenn der Steuerbescheid da ist. Grobe Faustregel: das Datum, was auf dem Bescheid steht, plus vier Wochen. Dann weiß man, wie viel Zeit man hat, um sich den genau anzuschauen.
Was noch wichtig ist, wenn ein Bescheid kommt: Es gibt auch Bescheide, die falsch sind. Auch das Finanzamt macht Fehler, deswegen ganz unbedingt anschauen, weicht er von dem, was ich berechnet habe, stark ab, dann immer Einspruch einlegen, um alle seine Rechte aufrechtzuerhalten. Dann kann man immer noch mit dem Finanzamt in die Diskussion gehen, aber bitte, bitte, bitte und immer ganz unbedingt Einspruch einlegen, innerhalb von vier Wochen.
Ob man jetzt einen Einspruch einlegt, wenn der Bescheid um 2 Euro 50 abweicht? Es gibt Menschen, die machen das. Aber wenn er erheblich abweicht über beispielsweise 100 Euro, dann sollte man sich das doch schon genauer anschauen.

Steuererklärung: Wann noch selbst machen und wann besser zum Steuerprofi?

Da kann ich jetzt gar nicht sagen, ob die Grenze bei einem Objekt liegt oder drei, fünf oder zwanzig. Im Grunde muss/sollte man eine Affinität für Zahlen haben, verstehen, was man da macht in so einer Steuererklärung – und man braucht auch ein bisschen Ordnung. Das heißt, wenn man mehrere Objekte hat, muss man die einzelnen Kosten dem einzelnen Objekt zuordnen.
Man muss auch Lust haben, sich dann am Wochenende, oder wann auch immer man Zeit dafür hat, hinzusetzen und die Belege zu sortieren, die in eine Form zu bringen, dass man es in die Steuererklärung packen kann. Wenn man da persönlich Spaß dran hat, bitte, kein Problem, dann braucht man keinen Steuerberater. Wenn man aber denkt, oh, das ist mir alles zu mühsam, würde ich das immer an einen Profi abgeben, der das macht. Denn der Rattenschwanz zieht sich immer weiter: Wenn die Steuererklärung nicht ordentlich ist, dann kommt es auch nicht ordentlich beim Finanzamt an, und in der Regel landet das dann spätestens bei uns in der Steuerkanzlei. Wenn irgendwas nicht funktioniert hat, der Steuerbescheid ist da und der weicht aber ganz massiv ab von dem, was man sich da persönlich erhofft oder ausgerechnet hat, weil man irgendwelche Angaben falsch gemacht hat. Man kann auch ohne Probleme 20 Objekte steuerlich selbst behandeln, wenn das strukturiert und ordentlich ist. Warum nicht? Aber im Grunde ist es wichtig, dass man sich die Zeit und die Muße nimmt, das selbst zu tun. Und wenn man eben nicht die Lust darauf hat, dann würde ich das sofort in professionelle Hände geben.

Fallstricke vermeiden

Damit das Finanzamt Abschreibung und andere Ausgaben steuerlich anerkennt, ist so manches Hindernis zu überwinden. Denn Vermietung ist nicht gleich Vermietung, zumal Wohnraum auch nicht durchgehend vermietet werden kann. Ganz gleich ob Leerstand, längere Verluste oder Vermietung an Angehörige: Es gibt entscheidende Punkte zu beachten, damit die steuerliche Anerkennung nicht verloren geht.

Vorübergehender Leerstand

Das Haus ist gebaut, der Kauf der Eigentumswohnung notariell beurkundet. Fehlt nur noch ein Mieter oder eine Mieterin. Ganz so leicht, wie es der angespannte Wohnungsmarkt anzeigt, ist die Suche nach geeigneten Vertragspartnern jedoch nicht.

Manchmal findet sich nach Kauf oder Bau einer Immobilie nicht sofort ein Mieter. Manchmal zieht eine Mieterin aus, und die Wohnung steht deswegen für eine Zeit leer. Und manchmal wird dieser Leerstand genutzt, um das Mietobjekt in Schuss zu bringen. Für Leerstand kann es unterschiedliche Gründe geben. Leerstand bedeutet erst einmal nur, dass die Immobilie ungenutzt oder nicht vermietet ist. Fachleute unterscheiden grundsätzlich vier verschiedene Arten von Leerstand: (1) kurzfristiger Leerstand, (2) objektspezifischer Leerstand, (3) spekulativer Leerstand und (4) struktureller Leerstand.

Mit einem kurzfristigen Leerstand haben Sie als Vermieter oder Vermieterin wahrscheinlich häufiger zu tun, zumindest dann, wenn Mieterwechsel anstehen und nicht sofort ein neuer Mietvertrag abgeschlossen werden kann. Ist es nicht möglich, das Objekt direkt zu vermieten, weil es bestimmten Standards nicht entspricht oder schlecht gelegen ist, handelt es sich um einen objektspezifischen Leerstand. Das gilt auch dann, wenn Sie den Standard durch umfangreichere Sanierungsarbeiten heben und dafür einen Leerstand in Kauf nehmen (siehe „Erhaltungsaufwand oder Herstellungskosten?", S. 53).

Verzichten Sie bei einer leer stehenden Immobilie bewusst darauf, diese zu vermieten, weil Sie damit rechnen, sie in naher Zukunft teurer vermieten zu können, liegt spekulativer Leerstand vor. Von strukturellem Leerstand wird ausgegangen, wenn die Immobilie über einen längeren Zeitraum nicht vermietet werden kann und sich das auf mittlere Sicht nicht ändern lässt.

UNSER RAT

Grundsteuer gespart

Wenn Sie belegen können, dass Sie sich intensiv nach Mietern umsehen, dürfen Sie die laufenden Betriebskosten Ihrer Wohnung in der Steuererklärung ansetzen. Entstehen Ihnen erhebliche finanzielle Nachteile, können Sie aber auch beantragen, dass Ihnen zumindest die Grundsteuer teilweise erlassen wird. Das ist in § 34 Grundsteuergesetz festgelegt. Dies gilt unter der Bedingung, dass die Jahresmiete, die Sie erhalten haben, um mehr als 50 Prozent geringer ist als die ortsübliche Miete für vergleichbare Objekte. Außerdem dürfen Sie den Ausfall nicht selbst zu vertreten haben. Diese Hürde ist aber in der Praxis recht schwer zu nehmen. Denkbare Gründe sind etwa die Zahlungsunfähigkeit Ihres Mieters oder ein Leerstand nach einem großen Wasserschaden. Den Antrag stellen Sie formlos – in Stadtstaaten direkt beim Finanzamt, sonst bei Ihrer Gemeinde.

Wann Sie weiter Kosten geltend machen können ...

Das Finanzamt gesteht Ihnen zu, dass Sie nach Auszug eines Mieters Ihre Kosten für die Immobilie weiterhin geltend machen. Voraussetzung ist allerdings, dass Sie sich

CHECKLISTE

Strategien bei vorübergehendem Leerstand

Dass Sie Ihre Immobilie ausreichend bewerben, ist nicht das Einzige, was das Finanzamt bei Leerstand von Ihnen erwartet. Sie sollten verschiedene Punkte prüfen:

- ☐ **Nutzen Sie alle geeigneten Kanäle, um Ihre Immobilie anzubieten – on- und offline.** Sammeln und speichern Sie alle Inserate sowie mögliche Makleraufträge, um Ihre Bemühungen zu dokumentieren. Auch Daten über Mietinteressenten sollten Sie archivieren.
- ☐ **Bei längerem Leerstand sollten Sie nicht übertrieben wählerisch bei der Auswahl der neuen Mieter oder Mieterinnen sein.** Zwar bleibt es Ihnen prinzipiell freigestellt, wen Sie als Mieter aufnehmen. Soll das Finanzamt jedoch Ihre Werbungskosten anerkennen, dürfen Sie nicht zu sehr darauf achten, „dass der Mieter auch ‚hineinpasst'", da dies nach Ansicht der Finanzgerichte ein Umstand sein könnte, „der in den persönlichen, steuerrechtlich irrelevanten Umständen begründet liegen kann" (Thüringer Finanzgericht, Az. 3 K 111/16).
- ☐ **Denken Sie darüber nach, die Höhe der Miete zu reduzieren.** Prüfen Sie – beispielsweise mithilfe des Mietspiegels –, ob Ihre Miete dem üblichen Quadratmeterpreis entspricht.
- ☐ **Nutzen Sie den Leerstand, um die Wohnung zu modernisieren und attraktiv für neue Mietinteressenten zu gestalten.** Legen Sie auf Nachfrage Kostenvoranschläge von Baufirmen und Handwerkern vor. Aber Achtung: Wenn Sie die Wohnung im Anschluss selbst nutzen oder kostenlos einem Familienmitglied überlassen, spricht dies auch im Vorfeld gegen eine Vermietungsabsicht.

ernsthaft und nachweislich um neue Mieter bemühen. Wie Sie das tun, ist erst einmal Ihnen überlassen; ob Sie lieber eine Maklerin beauftragen, selbst Anzeigen in Online-Portalen schalten oder Inserate in der Nachbarschaft aufhängen, ist gleichgültig, solange der von Ihnen eingeschlagene Weg zum Erfolg führt. Ist dies aber nicht der Fall, müssen Sie Ihr Vorgehen ändern oder intensivieren.

... und wann nicht

Manchmal sorgt auch struktureller Leerstand dafür, dass trotz Ihrer Bemühungen die Wohnung nicht vermietet werden kann. In solchen Konstellationen fällt Ihre Absicht, Einkünfte zu erzielen, automatisch weg.

Das Gleiche gilt, wenn die Immobilie mehrere Jahre leer steht. Spätestens dann zieht das Finanzamt einen Strich und ändert sämtliche zurückliegenden Steuerbescheide, die vorläufig ergangen sind.

Entscheidend ist also, dass Sie als steuerpflichtige Person nachweisen müssen, dass Ihre Vermietungsbemühungen ernsthaft sind. Und wenn es nicht sofort rund läuft? Dann müssen Sie dem Finanzamt erklären, was Sie tun, um Ihre Immobilie mittelfristig zu vermieten, und auf diese Weise nachhaltig Ihre Einkünfteerzielungsabsicht belegen (siehe die Checkliste oben).

Vorsicht Liebhaberei

Wenn Verluste zum Normalzustand werden, geht das Finanzamt davon aus, dass Sie gar keine Gewinne erzielen wollen. Die Folge: Steuerlich ist die Vermietung nicht mehr relevant. Und Verluste können Sie auch nicht verrechnen. Wann also findet das Finanzamt Verluste noch normal – und wann nicht?

Wenn Sie mit dem Thema Vermietung starten und gerade erst eine Immobilie erworben haben, gehören Verluste zum finanziellen Alltag. Sie müssen einen Kredit aufnehmen, viel investieren – und gerade, wenn Sie bauen, kann es etwas dauern, bis Sie schwarze Zahlen schreiben. Das versteht auch das Finanzamt und erkennt Anfangsverluste durchaus für einige Zeit an. Das kann sich allerdings ändern, wenn Sie auf Dauer Minus verzeichnen. Dann ist es schwierig, derartige Verluste steuerlich geltend zu machen. Das Finanzamt prüft dann, ob Sie überhaupt Gewinne erzielen wollen. Stellt sich dabei heraus, dass dem nicht so ist, gilt die Vermietung steuerlich als Liebhaberei. Mit der Folge, dass weder Gewinne noch Verluste steuerlich relevant sind.

Der Begriff der Liebhaberei ist im Einkommenssteuergesetz nicht geregelt. Wann eine positive Einkünfteerzielungsabsicht vorliegt – und wann das Finanzamt Hinweise für Liebhaberei erkennt, hat sich im Laufe der Jahre vor allem durch die Rechtsprechung entwickelt. Das gilt nicht nur für Einkünfte aus Vermietung und Verpachtung, sondern für alle Einkünfte im Einkommenssteuerrecht. Grundsätzlich können verschiedene Aspekte Anhaltspunkte für Liebhaberei liefern:

- ➔ Sie verzeichnen andauernde Verluste, tun jedoch nichts dagegen.
- ➔ Sie ändern nicht Ihre Strategie, um positive Ergebnisse zu erzielen.
- ➔ Auf Dauer gesehen ist kein Totalüberschuss zu erzielen.

Mit Blick auf Vermietungen sprechen für das Finanzamt unter anderem diese Anzeichen gegen eine positive Einkünfteerzielungsabsicht:

- ➔ Die Wohnung steht für längere Zeit leer.
- ➔ Sie investieren außergewöhnlich viel Zeit in Renovierung oder Modernisierung („Luxussanierung").
- ➔ Kurz vor Abschluss einer langfristigen Renovierung ziehen Sie selbst ein.
- ➔ Die Vermietung ist befristet oder nicht auf Dauer angelegt.
- ➔ Sie vermieten an Angehörige zu günstigen Konditionen.

Auch bei Ferienwohnungen schauen die Sachbearbeiter genauer hin, ob Sie wirklich Gewinne erzielen wollen (siehe Kapitel 5 „Ferienwohnungen und Untervermietung", ab S. 77).

Totalüberschussprognose

Wenn das Finanzamt Ihre Einkünfteerzielungsabsicht anzweifelt oder Sie keine andere Möglichkeit haben, Ihre Vermietungsabsichten zu belegen, müssen Sie eine Prognose über den Totalüberschuss erstellen. Der Zeitraum für diese Prognose erstreckt sich über 30 Jahre.

Wie genau dieser Totalüberschuss ermittelt wird, hat das Bundesfinanzministerium in einem Schreiben (IV C 3 – S 2253 – 91/04) festgelegt:

CHECKLISTE

Argumente gegen Liebhaberei

Nur weil Sie mit Ihrer Immobilie längere Zeit Verluste machen, heißt das noch lange nicht, dass Ihre Vermietung automatisch als Liebhaberei eingestuft wird. Um längere Diskussionen mit dem Finanzamt zu vermeiden, sollten Sie sich im Vorfeld Argumente zurechtlegen, die Sie im Zweifel auch nachweisen können. Gegebenenfalls ist es in manchen Fällen sogar sinnvoll, mit dieser Argumentation proaktiv auf die Finanzverwaltung zuzugehen. Mögliche Gründe liegen entweder auf der Einnahmenseite – also bei der Miete – oder auf der Ausgabenseite, Ihren potenziellen Werbungskosten:

- ☐ **Das Neubaugebiet, in dem Ihre gerade gebaute Immobilie steht, ist noch nicht vollständig fertig.**
  Möglicher Nachweis: Wohnungen in der Nachbarschaft stehen leer, geplante Infrastruktur von Geschäften ist noch nicht fertiggestellt oder bezogen.
- ☐ **Es steht kurzfristig mehr Wohnraum auf dem Markt zur Verfügung, als es zum Zeitpunkt Ihrer Immobilieninvestition absehbar war.**
  Möglicher Nachweis: Auszüge aus Online-Portalen, Auflistung vergleichbarer Mietobjekte mit Angaben der Miethöhe.
- ☐ **Die Mieten in der Umgebung Ihrer Immobilie sind insgesamt gesunken.**
  Möglicher Nachweis: Auszüge aus Online-Portalen, örtlicher Mietspiegel, Auskünfte von Maklern.
- ☐ **Bauliche Veränderungen oder Behebung von Baumängeln sind nicht ohne Weiteres möglich.**
  Möglicher Nachweis: Absagen von Handwerksfirmen und Baufirmen, Belege und Korrespondenz über unklare Eigentumsverhältnisse.

Berechnung Totalüberschuss

Zeitraum:

- Prognose beginnt mit Kauf oder Bau der Immobilie, sie endet spätestens nach 30 Jahren.
- Bei Verkauf endet die Prognose im Jahr des Verkaufs.

Einnahmen:

- Mieteinnahmen müssen geschätzt werden, auf Basis der Vergangenheit (in der Regel auf Basis der Mieten der letzten fünf Jahre).
- Ein Zuschlag in Höhe von 10 Prozent für ungenaue Schätzung ist erlaubt.
- Mögliche Erhöhungen dürfen eingepreist werden (beispielsweise aufgrund von Modernisierung).

Ausgaben:

- Die Instandhaltungsaufwendungen dürfen geschätzt werden; orientiert an den Werten aus der Berechnungsverordnung; siehe dazu auch die folgende Tabelle auf Seite 68.
- Die Zinsen werden nach den Angaben im Kreditvertrag einbezogen.
- Abschreibungsbeträge fließen auf Grundlage der linearen Abschreibung ein.

Instandhaltung für die Prognose gut geschätzt

Künftig anfallende Instandhaltungskosten können auf Basis der Berechnungsverordnung in die Überschussprognose mit einkalkuliert werden.

Instandhaltungskosten	Je Quadratmeter	Alter der Immobilie
	7,10 Euro	weniger als 22 Jahre
	9 Euro	mindestens 22 Jahre
	11,50 Euro	mindestens 32 Jahre

Besonderheiten	Mieter bezahlt kleine Instandhaltungen	Beträge verringern sich um 1,05 Euro
	Vermieter bezahlt Schönheitsreparaturen	8,50 Euro pro Quadratmeter
	Garage oder Stellplatz	68 Euro pro Jahr

Diese Kalkulation ist eine Prognose, etwas anderes wäre angesichts der vielen Variablen gar nicht möglich. Es geht vor allem darum, dass Sie die Entwicklung plausibel darstellen und dem Finanzamt nachweisen, dass es Ihnen wirklich darum geht, unter dem Strich mit einem positiven Ergebnis abzuschließen und Einkünfte zu erzielen.

Kommt das Finanzamt trotzdem zu dem Schluss, dass die positive Einkünfteerzielungsabsicht fehlt und die Tätigkeit überwiegend aus persönlichen oder privaten Motiven ausgeübt wird, sind mögliche Verluste nicht abzugsfähig beziehungsweise werden mit anderen positiven Einkünften nicht verrechnet. Umgekehrt ist aber auch kein Gewinn zu versteuern.

Praxistipp: Steuerlich betrachtet ist es nicht immer negativ, wenn bestimmte Einkünfte als Liebhaberei eingestuft werden. Zum Beispiel dann, wenn die Gewinne niedrig ausfallen oder der Verlust zu gering ist, um zum Steuervorteil zu werden. Gerade in solchen Fällen, die sich an der Grenze zur Liebhaberei bewegen, ist der Aufwand für eine Gewinnermittlung dann umso ärgerlicher.

In einem solchen Fall können Sie auch aktiv an das Finanzamt herantreten und argumentieren, dass Sie Ihre Tätigkeit nur aus Liebhaberei-Gründen verfolgen – und sich damit möglicherweise viel unnötige Arbeit ersparen.

Große Wohnung mit Überschuss?

Schon in der Vergangenheit hat die Finanzverwaltung die Vermietung von Luxusimmobilien kritisch hinterfragt, wenn es um die steuerliche Einstufung ging.

In einer aktuellen Entscheidung stellt der Bundesfinanzhof nun klar, dass auch bei der Vermietung von Objekten mit einer Wohnfläche von mehr als 250 Quadratmetern die Einkünfteerzielungsabsicht in jedem Fall überprüft werden muss (BFH Az. IX R 17/21). Auch in solchen Fällen müssen Sie nachweisen, dass Sie mittelfristig Gewinne erzielen wollen. Geklärt wird dies ebenfalls mithilfe der Totalüberschussprognose.

Verträge mit Angehörigen

Die neue Eigentumswohnung etwa dem Sohn oder der Tochter fürs Studium zur Verfügung zu stellen – keine schlechte Idee. Wenn Sie bei einer solchen Vermietung jedoch das Finanzamt mit an Bord holen wollen, müssen Sie einige Hürden nehmen.

Selbstverständlich steht es Ihnen frei, in eine Immobilie zu investieren, um diese Ihren Kindern oder anderen Verwandten zu vermieten. Allerdings können Sie nicht einfach günstig an Tochter oder Sohn vermieten, nur, weil Sie möglichst viel von der Steuer absetzen wollen. Grundsätzlich gilt: Jeder Vertrag zwischen Angehörigen muss genauso ausfallen wie ein Vertrag unter Fremden. Das heißt unter anderem, dass das Mietobjekt zwar vergünstigt, aber nicht weit unter dem sonst üblichen Preis überlassen werden darf.

Was ist ortsüblich?

Das Einkommenssteuergesetz spricht von der „ortsüblichen Marktmiete“. Darunter versteht das Finanzamt die ortsübliche Warmmiete – also die Kaltmiete plus die Nebenkosten, die auf die Mieter umgelegt werden dürfen. Entscheidend sind der Mietspiegel und Wohnungen, die nach Größe, Ausstattung und Lage vergleichbar sind.

Dabei ist laut einer Entscheidung des Bundesfinanzhofs „jeder der Mietwerte – nicht nur der Mittelwert – als ortsüblich anzusehen, den der Mietspiegel im Rahmen einer Spanne zwischen mehreren Mietwerten für vergleichbare Wohnungen ausweist“ (Az. IX R 7/20).

Wenn in Ihrem Fall kein Mietspiegel vorliegt, können Sie auch andere Quellen heranziehen, zum Beispiel den Mikrozensus des Statistischen Bundesamts. Hier werden regelmäßig auch Wohnkosten aufgeschlüsselt in Netto- und Bruttokaltmiete nach Quadratmetern erhoben. (Quelle: destatis.de, „Wohnen: Mieten, Mietbelastung, Haushaltsgröße und Einzugsjahr“, Stand 2/2024)

Mit anderen Worten: Wenn die Miete, die Sie von Ihren Angehörigen verlangen, nicht der ortsüblichen Miete entspricht, prüft das Finanzamt, ob eine sogenannte verbilligte Überlassung vorliegt. Hier sind drei Szenarien möglich:

➔ **So wenig Miete wie nötig, so viele Kosten absetzen wie möglich:**
Beläuft sich die Miete, die Angehörigen berechnet wird, auf mindestens 66 Prozent der ortsüblichen Vergleichsmiete, geht ein voller Werbungskostenabzug zu 100 Prozent in Ordnung. Um diesen Vergleich anzustellen, müssen immer Jahresbeträge gegenübergestellt werden, und zwar die Miete inklusive aller Umlagen. Eine Totalüberschussprognose ist nicht erforderlich.

➔ **Nicht ortsüblich, aber auch nicht völlig verbilligt:**
Liegt die Miete für die Anverwandten bei mindestens 50 Prozent der marktüblichen Miete, sichern Sie sich den Werbungskostenabzug, indem Sie eine Totalüberschussprognose erstellen. Wenn aus dieser Prognose hervorgeht, dass Sie in den kalkulierten 30 Jahren trotzdem einen Gewinn erwirtschaften, dürfen Sie 100 Prozent der Ausgaben als Werbungskosten steuerlich geltend machen. Fällt die Prognose zu Ihren Ungunsten aus, nur die anteiligen Werbungskosten.

➔ **Deutlich unter der ortsüblichen Miete:**
Beträgt die Miete weniger als 50 Prozent

der Mieten am Ort, muss das Mietverhältnis aufgeteilt werden. Der entgeltliche Teil ist die verbilligte Miete, der unentgeltliche Teil die Differenz zwischen der verbilligten und der marktüblichen Miete. Sie dürfen dann ausschließlich die Ausgaben für den entgeltlichen Teil geltend machen, also anteilig entsprechend dem entgeltlichen Teil die Ausgaben als Werbungskosten ansetzen. Die Einkünfteerzielungsabsicht wird dann nicht mehr geprüft.

UNSER RAT

Der Form halber – Verträge müssen gelebt werden

Schriftlich abschließen: Damit das Finanzamt den Mietvertrag mit Angehörigen steuerlich berücksichtigt, ist es wichtig, dass die Mietvereinbarung auch zivilrechtlich die Form wahrt. Schließen Sie daher am besten einen schriftlichen Vertrag, wie Sie ihn beispielsweise im Schreibwarengeschäft kaufen oder beim Grundbesitzerverein herunterladen können. Dort sollten die mietvertraglich wichtigsten Punkte festgelegt sein. Dazu zählen die genaue Adresse und Lage der Wohnung, mögliche mitvermietete Einrichtungsgegenstände und Gemeinschaftsräume, die Aufschlüsselung der Miete in Kaltmiete und Nebenkostenvorauszahlungen gemäß Betriebskostenverordnung, die Fälligkeit der Miete sowie Kündigungsfristen.

Unübliche Klauseln vermeiden: Eine Vermietung auf Lebenszeit, eine Verrechnung mit Unterhaltsansprüchen oder andere unübliche Klauseln sollten Sie vermeiden, da diese dem Fremdvergleich nicht standhalten.

Kein Geld in bar annehmen: Lassen Sie sich außerdem die Miete immer überweisen und verzichten Sie auf Barzahlung.

Bei Bedarf nachbessern: Wenn das Finanzamt einzelne Bestandteile des Vertrags für kritisch hält, bessern Sie nach, um zumindest für die Zukunft den Steuervorteil zu sichern.

Ein Beispiel: Vermieten Sie also Ihrer Tochter die Eigentumswohnung während ihres Studiums zu 75 Prozent der ortsüblichen Vergleichsmiete, dürfen Sie Ihre Ausgaben für die Immobilie zu 100 Prozent steuerlich geltend machen. Verlangen Sie 60 Prozent der Vergleichsmiete, müssen Sie eine Prognose über Ihre Gewinnerzielungsabsichten erstellen. Setzen Sie die Miete bei 45 Prozent der Vergleichsmiete an, dürfen Sie auch nur 45 Prozent der Ausgaben als Werbungskosten ansetzen.

Nehmen wir einmal an, die Eigentumswohnung ist 62 Quadratmeter groß und die ortsübliche Vergleichsmiete beträgt 11,50 Euro pro Quadratmeter. Die Wohnung müsste damit eigentlich für eine Kaltmiete von 713 Euro vermietet werden. Von Ihrer Tochter verlangen Sie 535 Euro Miete pro Monat und damit rund 75 Prozent der ortsüblichen Vergleichsmiete. Die Ausgaben dürfen Sie damit zu 100 Prozent steuerlich geltend machen.

Folgende Punkte sollten Sie außerdem berücksichtigen:

- ➔ Ist die Wohnung in Teilen oder vollständig möbliert, müssen Sie einen Zuschlag für die Einrichtung berücksichtigen, wenn sich dies aus dem lokalen Mietspiegel oder anderen Vergleichen ermitteln lässt.
- ➔ Mieten müssen nicht nur vertraglich vereinbart werden, sondern auch nachweislich gezahlt werden. Am besten lassen Sie sich die Miete auf ein separates (Vermietungs-)Konto überweisen, um so den Fremdvergleich besser dokumentieren zu können.

- Vergessen Sie nicht, zum Jahreswechsel die Nebenkosten abzurechnen und die Differenz entweder zu erstatten oder eine Nachzahlung zu veranlassen.
- Vermieten Sie die Wohnung befristet – beispielsweise Ihrem Kind bis zum Ende der Ausbildung –, müssen Sie auch bei einer Miete von mindestens 66 Prozent der Vergleichsmiete eine Totalüberschussprognose erstellen.
- Ob Sie ein ganzes Haus oder eine Wohnung an Ihre Angehörigen vermieten, ist im Grunde gleichgültig. Allerdings ist noch nicht geklärt, ob Sie – steuerlich betrachtet – einzelne Zimmer im Dachgeschoss oder Apartments mit einer Wohnfläche von weniger als 20 Quadratmetern vergünstigt vermieten können. Vereinbaren Sie hier sicherheitshalber direkt die ortsübliche Miete.
- Denken Sie daran, dass Sie auch bei Mietverträgen mit Verwandten die Miete hin und wieder erhöhen müssen. Das Finanzamt muss Sie nicht darauf aufmerksam machen, dass es von einer höheren ortsüblichen Miete ausgeht, damit Sie den Vertrag „möglichst steuergünstig gestalten können", so eine Entscheidung des Finanzgerichts München (Az. 1 K 3948/07). Auch haben Sie keinen Anspruch, darauf hingewiesen zu werden, die Miete entsprechend anzupassen.

An Chef oder Chefin vermieten?

Der Fremdvergleich spielt nicht nur bei der Vermietung an Angehörige eine entscheidende Rolle. Auch wenn Sie Ihr häusliches Arbeitszimmer an Ihren Arbeitgeber vermieten, prüft das Finanzamt, ob die Vereinbarung dem Fremdvergleich standhält. Denn damit die Kosten für das Arbeitszimmer vollständig geltend gemacht werden können, muss die Nutzung den betrieblichen Interessen Ihrer Chefin oder Ihres Chefs dienen. Und dies ergibt sich vor allem aus der Miethöhe – sprich, ob Ihr Arbeitgeber zu den gleichen Konditionen Büros auch von einem Dritten anmieten würde, der nicht bei ihm angestellt ist. Also muss auch hier die Miete angemessen sein, und sämtliche Verpflichtungen sollten am besten schriftlich festgehalten werden.

Wenn Ihnen in der Firma jedoch ein zumutbarer Arbeitsplatz zur Verfügung steht, spricht das gegen das betriebliche Interesse Ihres Arbeitgebers. Am besten wenden Sie sich in solchen komplizierten Fällen an einen Experten und lassen sich steuerlich beraten

Kein Geschäft zu machen

Wenn Sie einzelne Privaträume als Geschäfts- oder Büroräume verbilligt vermieten, werden die Werbungskosten immer gekürzt. Laut einer Verfügung der Oberfinanzdirektion Rheinland ist der Werbungskostenabzug dann nur im Verhältnis der vereinbarten Miete zur ortsüblichen Miete zulässig. Zur Begründung heißt es, dass „in dem Umfang, in dem ein Berechtigter aus privaten Gründen ganz oder teilweise darauf verzichtet, aus einer Vermietung zu Nicht-Wohnzwecken Einnahmen zu erzielen, steht ihm der Abzug von Werbungskosten nicht zu." (OFD Rheinland vom 18.12.2009)

Welche Förderregeln für welche Immobilie?

Um die hohen Investitionen für Vermieter abzumildern, gewährt der Staat Zuschüsse und andere Fördermittel. Wer keine Förderung erhält, kann die Aufwendungen je nach Maßnahme als Erhaltungsaufwand steuerlich geltend machen.

Sanierungen rund um Heizung und Co. sind teuer, und nicht jeder Eigentümer kann sich die wünschenswerte Investition leisten. Trotzdem planen viele, ihre Immobilie klimafit zu machen. Um die vorgegebenen Nachhaltigkeitskriterien erfüllen zu können, gibt es für Neubau, Austausch und Nachrüstung diverse Förderungen. So ist mit dem GEG auch die „Bundesförderung für effiziente Gebäude – Einzelmaßnahmen", kurz BEG – EM, in Kraft getreten. Diese sieht eine Grundförderung von 30 Prozent der Kosten für alle Hauseigentümer vor, wenn sie alte fossile Heizungen gegen klimafreundlichere Alternativen austauschen. Auch Investitionen in die Gebäudehülle, Anlagentechnik, Heizungsoptimierung, Fachplanung und Baubegleitung werden gefördert.

Die ersten Fördermittel wurden Ende Februar 2024 an den Start gebracht, seit Sommer 2024 ist das Förderangebot der KfW auf private Eigentümer von vermieteten Mehrfamilienhäusern sowie Eigentümer von selbst bewohnten oder vermieteten Eigentumswohnungen in Wohnungseigentümergemeinschaften ausgeweitet worden. Zum einen werden direkte Zuschüsse bereitgestellt, die Sie als Vermieter bei der KfW für Investitionen rund um einen Heizungstausch beantragen. Zum anderen bietet die KfW zinsgünstige Ergänzungskredite an, diese müssen Sie bei Ihrer Hausbank beantragen – aber nur in Verbindung mit einer Zuschussförderung und nicht allein.

Förderung mit mehreren Komponenten

Der Zuschuss setzt sich aus mehreren Komponenten zusammen: Die Grundförderung beläuft sich auf 30 Prozent der förderfähigen Gesamtkosten, maximal kann der Höchstbetrag der förderfähigen Gesamtkosten berücksichtigt werden, und dieser wiederum hängt von der Zahl der Wohnungen im Gebäude ab. Die KfW gibt dafür folgendes Schema vor:

- ➜ 30 000 Euro für die erste Wohneinheit,
- ➜ jeweils 15 000 Euro für die zweite bis sechste Wohneinheit,
- ➜ jeweils 8 000 Euro für jede weitere Wohneinheit.

Die KfW macht ihre Berechnung an diesem Beispiel deutlich:

Der Höchstbetrag der förderfähigen Gesamtkosten für eine Wohnungseigentümergemeinschaft (WEG) oder ein Mehrfamilienhaus im Privateigentum mit acht Wohneinheiten liegt bei 121 000 Euro (1 x 30 000 Euro für die erste Einheit plus 5 x 15 000 Euro für die Einheiten 2 bis 6 plus 2 x 8 000 Euro für zwei weitere Einheiten). Wenn förderfähige Kosten in dieser Höhe tatsächlich anfallen und eine Grundförderung von 30 Prozent beantragt wird, dann liegt der Zuschussbetrag bei 36 300 Euro (121 000 x 30 Prozent).

Vermieter können darüber hinaus einen Effizienzbonus in Höhe von 5 Prozent für effiziente elektrisch angetriebene Wärmepumpen erhalten, wenn als Wärmequelle

Wasser, Erdreich oder Abwasser erschlossen oder ein natürliches Kältemittel eingesetzt wird. Auch ein Emissionsminderungszuschlag für Biomasseheizungen ist möglich, wenn diese den Emissionsgrenzwert für Staub von 2,5 mg pro Kubikmeter einhalten. Der Zuschlag beträgt pauschal 2 500 Euro. Die verschiedenen Zuschüsse können miteinander kombiniert werden, allerdings beträgt der Höchstfördersatz für den Austausch von Heizungsanlagen maximal 70 Prozent der Kosten.

Die Zuschüsse können Sie online bei der KfW beantragen, weitere Einzelheiten finden Sie unter kfw.de/heizung.

Wenn Sie eine Sanierung planen, sollten Sie sich unbedingt vor Abschluss eines Vertrags mit der Handwerkerfirma über den aktuellen Stand der verfügbaren Fördermittel informieren. Denn Geld gibt es nur, solange Haushaltsmittel verfügbar sind. Sind die Fördertöpfe leer, haben Sie auch keinen Anspruch mehr auf die Förderung.

Vermieter können außerdem von verschiedenen steuerlichen Abzugsmöglichkeiten profitieren, wenn sie alternative Wärmequellen nutzen oder das Gebäude energieeffizienter gestalten wollen. Wird die Heizungsanlage modernisiert, zählen sämtliche Aufwendungen zu den sofort abzugsfähigen Werbungskosten – vorausgesetzt, die Immobilie ist bereits beheizbar und Sie schaffen nicht eine zusätzliche Wärmequelle. Zur Modernisierung der Heizungsanlage gehören beispielsweise folgende Maßnahmen:

- ➜ die umfassende Renovierung der (bestehenden) Heizungsanlage,
- ➜ der komplette Ersatz der Heizungsanlage,
- ➜ die Umstellung der Heizungsanlage auf eine andere Energiequelle.

Auch andere energetische Sanierungen, die notwendig sind, um Ihre Immobilie instand zu halten oder Mängel zu beseitigen, dürfen als Erhaltungsaufwand gewertet werden und sind demzufolge sofort im gleichen Jahr steuerlich abzugsfähig (mehr dazu ab S. 53, „Erhaltungsaufwand oder Herstellungskosten?“ und S. 55, „Praxistipp“, „Sanierung in Raten“). Der Einbau von Heizungsanlagen, der notwendig wird, um den Anteil von 65 Prozent erneuerbarer Energien zu gewährleisten, fällt ebenfalls in diese Kategorie.

Bausteine der Förderung:

Förderhöchstsatz 70 % von maximal 30 000 Euro Investitionskosten (1. Wohneinheit) 15 000 Euro (2.–6. Wohneinheit) und 8 000 Euro (ab der 7. Wohneinheit)	
30% Grundförderung	
5 % Effizienzbonus	**2 500 Euro Emissionsminderungszuschlag**

Ergänzende Energie steuerlich abzugsfähig

Haben Sie sich in Absprache mit dem Energieberater dazu entschieden, dass eine neue Energiequelle Ihre alte Heizungsanlage gut ergänzen könnte, sind die Aufwendungen dafür Erhaltungsaufwand. Das gilt beispielsweise für eine Wärmepumpe, eine Wärmerückgewinnungsanlage oder eine Solaranlage. Dies hat der Bundesfinanzhof bereits in einer Entscheidung aus dem Jahr 2004 klargestellt (Az. IX R 52/02).

Sie können also die Installation einer Wärmepumpe in den meisten Fällen noch im gleichen Jahr als Erhaltungsaufwand absetzen. Einzige Ausnahme: Sie haben andere wesentliche Ausstattungsmerkmale der Immobilie ebenfalls erneuert – neben der Heizungsanlage beispielsweise auch die Elektrik und die Fenster. In einem solchen Fall müssen die Aufwendungen als nachträgliche Herstellungskosten abgeschrieben werden. Haben Sie jedoch nur die Heizungsanlage erneuert, dürfen Sie die Ausgaben

UNSER RAT

Kredite und Zuschüsse von KfW und Bafa

Wie hoch Förderkredit und Zuschuss im Einzelfall sind, hängt von der Art der Maßnahme ab. Unser Fördermittelrechner (test.de/heizungsfoerderung) hilft. Er gibt einen schnellen und aktuellen Überblick über Laufzeiten, Höchstbeträge, Zinssätze und Tilgungszuschüsse der Förderprogramme rund ums Bauen und Wohnen.

dafür vollständig und noch im gleichen Jahr steuerlich geltend machen. Achtung: Wenn Sie Zuschüsse oder andere Fördermittel erhalten haben, müssen Sie diese als Einnahme in der Steuererklärung angeben.

Mit der GEG-Novelle ist eine Energieberatung vor einer umfassenden Sanierung gesetzlich vorgeschrieben worden. Die Kosten dafür dürfen Sie steuerlich ansetzen, wenn die Beratung im Zusammenhang mit der Vermietung einer Immobilie steht. Mithilfe der Energieberatung müssen energetische Maßnahmen geplant worden sein, beispielsweise Reparaturen oder Sanierungen. Sie müssen die Kosten durch Rechnungen des Energieberaters nachweisen können.

Sonderabschreibung nur für nachhaltige Neubauten

Neben dem überarbeiteten GEG hat auch das Wachstumschancengesetz neue Energie-Effizienzvorgaben aufgestellt. Wenn Sie die Sonderabschreibung für Ihren Neubau nutzen möchten, muss dieser bestimmte Nachhaltigkeitskriterien erfüllen (siehe „So funktioniert die Sonderabschreibung“, S. 34). Es muss sich zum einen um ein „Effizienzhaus 40“ handeln. Der Begriff bezeichnet den energiebezogenen Standard des Gebäudes – in diesem Fall zeigt er an, dass im Vergleich zu einem normalen Gebäude 40 Prozent Primärenergie benötigt werden. Zum anderen muss die Nachhaltigkeitsklasse mit dem Qualitätssiegel „Nachhaltiges Gebäude“ (QNG) nachgewiesen werden. Dabei handelt es sich um ein Siegel des Bundesministeriums für Wohnen, Stadtentwicklung und Bauwesen für Gebäude. Damit soll sichergestellt sein, dass das Neubauprojekt vorgegebene besondere Anforderungen an die ökologische, soziokulturelle und ökonomische Qualität von Gebäuden sowie an die Qualität der Planungs- und Bauprozesse erfüllt. Das Siegel wird von akkreditierten Zertifizierungsstellen vergeben, weitere Details dazu finden Sie auf dem Informationsportal „Qualitätssiegel Nachhaltiges Gebäude“ unter https://www.qng.info/.

Sonderfall Solaranlagen

Einfach mit dem Stecker zur Sonnenwärme: So leicht kann es gehen, wenn Sie oder Ihre Mieter auf Solarwärme setzen wollen. Mit einem solchen kleinen Kraftwerk können Sie selbst auf dem Balkon Solarstrom erzeugen. Dieser Strom ist allerdings ausschließlich dazu gedacht, im zum Balkon gehörenden Haushalt verwendet zu werden. Eine Einspeisung in das öffentliche Netz ist nicht vorgesehen. Bislang war es weder für Miteigentümer einer Eigentümergemeinschaft noch für Mieter leicht, eine solche Steckersolaranlage einzubauen.

Im Herbst 2024 hat der Gesetzgeber Erleichterungen für sogenannte Balkonkraftwerke gebilligt, damit haben Sie als Mitglied einer Eigentümergemeinschaft beziehungsweise Ihre Mieter Anspruch darauf, sie installieren zu dürfen.

Das bedeutet, dass Eigentümergemeinschaften den Einbau von Steckersolaranlagen zur Stromerzeugung nicht ohne triftigen Grund verweigern dürfen. Der Katalog der sogenannten privilegierten Maßnahmen im

Wohnungseigentumsrecht und im Mietrecht im BGB wurde entsprechend ergänzt. Bislang war die Zustimmung der Eigentümergemeinschaft für Balkonkraftwerke nötig – oft ein schwieriges Unterfangen, wie es in der Gesetzesbegründung heißt.

Auch Mieterinnen und Mieter haben nun einen Anspruch darauf, dass Sie als Vermieter die Installation einer Steckersolaranlage genehmigen. Nur in wenigen begründeten Ausnahmefällen darf die Zustimmung verweigert werden – etwa, wenn das Gebäude unter Denkmalschutz steht und die entsprechenden Vorgaben dies nicht erlauben. Zudem haben Sie als Vermieter oder Miteigentümer ein Mitspracherecht, in welcher Form und wo das Balkonkraftwerk installiert wird. Beim Auszug des Mieters dürfen Sie außerdem darauf bestehen, dass die Anlage abgebaut wird.

Ob groß oder klein: Haben Sie eine Photovoltaikanlage eingebaut, müssen Sie Ihren Energieversorger informieren und die Anlage in der Bundesnetzagentur registrieren lassen. Sie müssen auch das Finanzamt in Kenntnis setzen. Es prüft, welche steuerlichen Ausnahmeregelungen für Sie zutreffen und infrage kommen. Bei den meisten Photovoltaikanlagen, die seit Jahresbeginn 2023 angeschafft wurden, müssen wenige bis gar keine steuerlichen Formalitäten erledigt werden. Zwingend erforderlich ist, dass Sie die Anschaffung der Anlage dem Finanzamt mitteilen, und zwar mit dem „Fragebogen zur steuerlichen Erfassung“. Sie finden ihn im ELSTER-Portal, dort können Sie den Fragebogen auch einreichen.

Steuerlich betrachtet gilt seit 2022 eine Befreiung bei der Einkommenssteuer. Das bedeutet, dass Einnahmen und Entnahmen aus dem Betrieb (Selbstnutzung produzierter Strom) der meisten kleinen Photovoltaikanlagen nicht mehr der Einkommenssteuer unterliegen. Eine Gewinnermittlung oder Einnahmen-Überschuss-Rechnung müssen Sie nicht mehr erstellen. Die Befreiung von der Einkommenssteuer hängt von der Gesamtleistung der Anlage ab, seit dem Jahressteuergesetz 2024 ist die Gebäudeart, auf dem die Anlage installiert ist, nicht mehr relevant. Für alle Photovoltaikanlagen, die ab 2025 neu in Betrieb genommen oder erweitert werden, gilt nun, dass die einzelne Anlage höchstens 30 kWp leisten darf. Wenn Sie mehrere Anlagen betreiben, ist die steuerfreie Gesamtleistung auf 100 kWp beschränkt. Ob der Strom selbst genutzt, an Ihre Mieter verkauft oder ins öffentliche Netz eingespeist wird, ist dabei unerheblich.

Seit 2023 gilt für Photovoltaikanlagen außerdem ein Nullsteuersatz bei der Umsatzsteuer. Damit möchte der Gesetzgeber die Eigentümer kleiner Solaranlagen von der Bürokratie der Umsatzsteuer-Erklärungspflichten entlasten. Der Nullsteuersatz greift für alle Bestandteile und Module, die für den Betrieb der Anlage notwendig sind – beispielsweise der Batteriespeicher, Kabel, Kleinteile und Dienstleistungen, die mit dem Betrieb in Zusammenhang stehen. Der Verkauf des Stroms aus der Anlage ist jedoch prinzipiell weiterhin umsatzsteuerpflichtig. Da Sie beim Betrieb einer solchen kleinen Photovoltaikanlage vermutlich die Kleinunternehmergrenze von 25 000 Euro pro Jahr nicht überschreiten, fällt Umsatzsteuer allerdings dann meist ohnehin nicht an.

Praxistipp: Im Normalfall rechnet der Versorger innerhalb einer Gutschrift mit Ihnen ab. Bitte teilen Sie Ihrem Versorger mit der Photovoltaikanlage/Stromeinspeisung ins normale Stromnetz mit, dass Sie Kleinunternehmer nach § 19 UStG sind. Sonst stellt dieser eine Gutschrift mit 19 Prozent Umsatzsteuer aus, und Sie müssen die Umsatzsteuer dann an das Finanzamt abführen. In einem solchen Fall ist die Umsatzsteuer falsch ausgewiesen worden. Sie müssen sie dann so lange ans Finanzamt zahlen, bis es eine korrigierte Abrechnung gibt.

Ferien-wohnungen und Unter-vermietung

Investieren da, wo andere Urlaub machen: Eine Ferienwohnung oder ein Ferienhaus sind für viele Käufer und Vermieter ein attraktives Objekt. Es sind allerdings einige Punkte zu klären – zum Beispiel, ob Sie selbst ebenfalls die Immobilie nutzen möchten. Oder ob Sie statt einer Ferienwohnung Ihre eigene Wohnung zeitweise oder auch für längere Zeit vermieten wollen. Wenn Sie alle rechtlichen Aspekte beachten, steht der Investition in den Tourismus nichts im Wege.

Einnahmen und Werbungskosten bei Ferienwohnungen

Klare Verhältnisse sind beim Finanzamt am einfachsten darzulegen. Das gilt auch für Ferienwohnungen. Werden diese ausschließlich mit Vermietungsabsicht betrieben, können Sie in der Regel die Aufwendungen in voller Höhe geltend machen.

Vielleicht haben Sie das auch schon erlebt: Sie sind im Urlaub an der Strandpromenade entlanggegangen oder in der Altstadt spazieren und haben sich selbst dabei ertappt, die Immobilienanzeigen des örtlichen Maklerbüros zu studieren. Wie schön wäre es doch, dort, wo andere Urlaub machen, eine Immobilie zu besitzen! Möglicherweise könnte man diese zunächst vermieten und damit ein wenig Geld verdienen. Und später, nach dem Ausstieg aus dem Berufsleben, dort selbst regelmäßig Zeit verbringen.

Grundsätzlich gilt – wie bei jeder Immobilie –, dass die Anschaffung gut durchdacht sein sollte. Von der Auswahl des Standorts gemäß dem Kriterium „Lage, Lage, Lage" über die gewünschten Ausstattungsmerkmale bis hin zur Sicherung der Finanzierung gleicht die Investition in eine Ferienwohnung erst einmal jeder anderen Immobilieninvestition. Jedoch sollten Sie auch weitere Überlegungen anstellen und sowohl allgemein als auch anhand des konkreten Objekts Ihre Wünsche und Anforderungen an das Feriendomizil klären.

- **Wer soll die Ferienwohnung nutzen?** Wenn Sie sich in erster Linie selbst dort aufhalten wollen, können Sie sich hauptsächlich nach Ihren eigenen Vorlieben richten. Wenn Sie auch oder möglicherweise sogar ausschließlich vermieten wollen, sollten Sie darauf achten, dass sich die Immobilie in einem Urlaubsgebiet befindet oder an ein solches gut angebunden ist.
- **Wie sieht die Infrastruktur rund um die Immobilie aus?** Gerade, wenn Sie eine Vermietung der Ferienwohnung planen, sollten Sie sicherstellen, dass Supermärkte, touristische Ziele und öffentlicher Verkehr in der Nähe sind. Wenn das Objekt etwas abgelegen ist, sollte dafür der Komfort hoch sein.
- **Wie ist der Zustand des Ferienobjekts?** Außen hui, innen pfui – lassen Sie sich nicht vom äußeren Anschein oder der attraktiven Urlaubsgegend täuschen. Prüfen Sie, bestenfalls mit einem Architekten oder einer Sachverständigen, ob Rohre, Elektrik, Heizung und Fenster modernen Standards genügen oder ob hier in Kürze größere Umbauten notwendig werden.
- **Wie ist das Ferienhaus ausgestattet?** Wenn Sie zu allen Jahreszeiten vermieten möchten, müssen Sie möglicherweise in eine Heizung und eine Dämmung investieren. Außerdem sollten Sie sich überlegen, welchen Komfort die Ferienimmobilie haben sollte: Genügt es, die Kücheneinrichtung einfach zu halten, oder braucht es aufgrund der Mieter-Zielgruppe oder der geplanten Mietzeiten auch Geräte wie Spülmaschine und Waschmaschine?
- **Welche Mieten können erzielt werden?** Wollen Sie die Ferienwohnung vermieten, informieren Sie sich schon vor dem Kauf, welche Preise in welcher Saison zu erzielen sind. Recherchieren Sie außerdem

durchschnittliche Mietdauer und bei Saisonbetrieb außerdem Öffnungszeiten von Gastronomie, Einzelhandel und anderer touristischer Infrastruktur.

- → **Wer kümmert sich um das Objekt?** In der Regel liegt die Ferienimmobilie nicht gerade um die Ecke, sodass Sie einen Verwalter für Schlüsselübergabe und Formalitäten im Zusammenhang mit Ihren Gästen benötigen. Außerdem brauchen Sie Reinigungskräfte und jemanden, der sich bei Bedarf um kleinere Reparaturen kümmern kann. Je nach Objekt und Lage fallen außerdem Gartenarbeiten und Winterdienst an. Auch das sind Kosten, die Sie bei der Vermietung einkalkulieren müssen.
- → **Worauf müssen Sie im Ausland achten?** Interessieren Sie sich für eine Ferienimmobilie in Österreich, Spanien, Italien oder anderswo, müssen Sie im Vorfeld umfangreiche rechtliche Bedingungen prüfen – von den Voraussetzungen für einen Kaufvertrag über die Finanzierung bis hin zur steuerlichen Behandlung. Am besten suchen Sie sich hier spezialisierte Rechtsanwälte und Steuerberaterinnen, die Sie von Beginn an bei dieser Auslandsinvestition begleiten und Ihnen helfen, teure Fehler zu vermeiden. Lesen Sie dazu auch das Interview zu Ferienimmobilien im Ausland ab Seite 92.

Wenn Sie ein geeignetes Objekt gefunden und die anfallenden Kosten grob geklärt haben, geht es ans Finetuning. Für den Kredit sollten Sie Mieteinnahmen konservativ planen: Wetter, Reisebeschränkungen oder gestiegene Lebenshaltungskosten können dazu führen, dass Sie Ihre Ferienwohnung nicht so vermieten können wie geplant. Sowohl das Darlehen als auch die laufenden Ausgaben sollten Sie aus Ihrem normalen Einkommen bestreiten können, gerade dann, wenn die Vermietung mal nicht so gut läuft oder die Einkünfteerzielungsabsicht auf wackligen Füßen steht.

Das Finanzamt beteiligen

Im besten Fall können Sie das Finanzamt an Ihren Kosten beteiligen. Das wiederum hängt aber davon ab, ob die Ferienimmobilie ausschließlich vermietet wird oder ob Sie sie auch selbst nutzen. Steuerlich betrachtet wird eine Immobilie dann als Ferienwohnung definiert, wenn diese möbliert ist und Sie das Objekt wechselnden Mietern für kurze Zeiträume zur Verfügung stellen und damit Geld verdienen. Kurzfristig bedeutet in diesem Zusammenhang: weniger als sechs Monate. Wenn Sie dagegen die Wohnung für längere Zeitspannen an bestimmte Personen vermieten, ist die Immobilie keine Ferienwohnung. Die Dauer des Leerstands, der grundsätzlich bei einer Ferienwohnung zum Alltag gehört, kann ebenfalls eine Rolle spielen bei der Frage, ob die Vermietung steuerlich relevant ist oder nicht.

Bei Ferienwohnungen schaut das Finanzamt darauf, ob Sie die Unterkunft auch selbst nutzen. Ist dies nicht der Fall, geht die Finanzverwaltung normalerweise davon aus, dass Sie mit der Ferienimmobilie Geld verdienen wollen. Dies ist in einem Schreiben des Bundesfinanzministeriums detailliert festgelegt (IV C 3 – S 2253 – 91/04). Demnach ist „bei einer ausschließlich an wechselnde Feriengäste vermieteten und in der übrigen Zeit hierfür bereitgehaltenen Ferienwohnung" ohne weitere Prüfung von der Einkünfteerzielungsabsicht des Steuerpflichtigen auszugehen. Dabei spielt es keine Rolle, ob Sie selbst vermieten oder eine Verwaltung einschalten. Allerdings ist es Ihre Aufgabe, dem Finanzamt darzulegen, dass Sie die Ferienwohnung ausschließlich vermieten. Die Finanzverwaltung führt in dem Schreiben vier Konstellationen an, in denen von einer ausschließlichen Vermietung ausgegangen wird. Damit das Finanzamt Ihre Werbungskosten anerkennt, genügt es, dass eine der vier Voraussetzungen gegeben ist. Ist diese eine Bedingung erfüllt, nimmt es eine ausschließliche Vermietungsabsicht an:

- **Punkt 1:** Sie haben die Vermietung des Objekts einer Agentur, einem Reiseveranstalter oder der Kurverwaltung übertragen und eine Selbstnutzung vertraglich ausgeschlossen.
- **Punkt 2:** Ihre Ferienwohnung befindet sich in oder in unmittelbarer Nähe der Immobilie, die Sie selbst bewohnen. Die selbst genutzte Immobilie muss nicht nur Ihren eigenen Bedürfnissen entsprechen, sondern auch die Möglichkeit bieten, Gäste zu beherbergen.
- **Punkt 3:** Sie besitzen mehrere Ferienwohnungen im gleichen Ort und nutzen nur eine von diesen selbst.
- **Punkt 4:** Die Vermietungsdauer Ihrer Ferienimmobilie entspricht im Durchschnitt den anderen saisonüblichen Vermietungen in der Umgebung.

Die Oberfinanzdirektion Niedersachsen hat zum einen zu Punkt 2 geklärt, dass der Begriff „unmittelbare Nähe" bedeutet, dass die Ferienimmobilie in derselben Stadt oder Gemeinde liegt. Zum anderen erkennt das Finanzamt demzufolge bei mehreren Ferienwohnungen am gleichen Ort die Leerstandszeiten der nicht selbst genutzten Objekte als Mietzeiten an. Darüber hinaus hat die Oberfinanzdirektion Niedersachsen zu Punkt 4 klargestellt, dass unter „Saison" nicht nur die Hauptreisezeit, sondern auch Monate der Nebensaison zu verstehen sind, das heißt die Vermietungsdauer Ihrer Immobilie muss auch in der Nebensaison im Durchschnitt den anderen saisonüblichen Vermietungen in der Umgebung entsprechen.
Praxistipp: Die regionale oder örtliche Tourismuszentrale kann Ihnen Auskunft darüber geben, wie viele Vermietungstage im Jahr ortsüblich sind. Stellen Sie dazu einfach eine formlose schriftliche Anfrage – möglich ist dies auch per E-Mail. Zudem haben viele Tourismuszentralen inzwischen einen eigenen Partner-Bereich für Vermieter, wo Sie derartige Fragen klären können. Das Ergebnis Ihrer Abfrage können Sie bei Bedarf Ihrem Finanzamt zur Verfügung stellen.

Ist das Finanzamt davon überzeugt, dass Sie ausschließlich an Urlaubsgäste vermieten, dürfen Sie alle Ausgaben im Zusammenhang mit der Ferienimmobilie von Ihren Einnahmen abziehen. Möglicher Leerstand spielt hierbei keine Rolle, Sie müssen die Aufwendungen also nicht anteilig zu Mietzeiten berechnen, sondern dürfen die Ausgaben in voller Höhe steuerlich ansetzen.

Investition abgeschrieben

Beim Thema Abschreibung unterscheidet die Finanzverwaltung, ob Ihre Immobilie ausschließlich Wohnzwecken dient oder auch für Ferien genutzt wird. Denn mit bestimmten Abschreibungsvarianten soll speziell der Bau von Mietwohnungen gefördert werden (zu „Abschreibung und Verkehrswert" siehe ab S. 21 und „So funktioniert die Sonderabschreibung"ab S. 34). In den Einkommenssteuer-Richtlinien ist festgelegt, dass Ferienwohnungen nicht dazugehören: „Gebäude dienen nicht Wohnzwecken, soweit sie zur vorübergehenden Beherbergung von Personen bestimmt sind, wie z. B. Ferienwohnungen." Mit der Folge, dass nur die lineare Abschreibung für die Anschaffungskosten möglich ist.

Wie bei einer normalen Wohnimmobilie können Sie nur die Anschaffungskosten für das Gebäude abschreiben, nicht aber für das Grundstück. Folgende Abschreibungssätze gelten hier:

- Gebäude, die nach dem 31. Dezember 2022 fertiggestellt wurden, können mit 3 Prozent über 33 Jahre abgeschrieben werden.
- Gebäude aus der Zeit zwischen 1925 und 2022 werden in der Regel mit 2 Prozent über einen Zeitraum von 50 Jahren abgeschrieben.
- Historische Gebäude, die vor dem 31. Dezember 1924 errichtet wurden, werden mit einem Prozentsatz von jährlich 2,5 Prozent über einen Zeitraum von 40 Jahren abgeschrieben.

Ausgaben für die gute Erholung

Eine Ferienwohnung sollte ansprechend eingerichtet, komfortabel und sauber sein. Außerdem sollten alle Geräte und Einbauten sowie die zentralen Bereiche funktionieren. Ist das nicht der Fall, ist dies nicht nur ärgerlich für die Gäste, sondern schlägt sich womöglich in schlechten Bewertungen und damit mittelfristig in niedriger Auslastung nieder. Damit umgekehrt also Ihre Ferienwohnung positiv beurteilt und häufiger gebucht wird, sollten Sie auf einige Punkte achten und dafür auch Geld investieren. Diese Ausgaben können Sie als Werbungskosten steuerlich geltend machen.

→ **Mobiliar:** Richten Sie die Wohnung mit zeitlosem Mobiliar ein, das viele Zielgruppen anspricht und gut sauber zu halten ist.
→ **Highlights:** Setzen Sie auf das ein oder andere Highlight, um im Inserat optisch herauszustechen.
→ **Stauraum:** Entscheiden Sie sich im Zweifel für mehr intelligent verbauten Stauraum als für dekorative Elemente.
→ **Küche und Bad:** Lassen Sie Küche und Bad von Profis planen und den vorhandenen Platz optimal ausnutzen.
→ **Elektrische Geräte:** Geschirrspüler, Mikrowelle, aber auch eine Infrarotkabine im Schlafzimmer werten Ihre Ferienwohnung auf.
→ **Sauberkeit:** Halten Sie möglichen Reinigungsaufwand so gering wie möglich und verzichten Sie auf dunkle oder glänzende Oberflächen und Stoffbezüge.
→ **Werbefotoqualität:** Fotografieren Sie nicht selbst die Wohnung mit verwackelten Handybildern, sondern engagieren Sie einen professionellen Fotografen.
→ **Willkommensgabe:** Der erste Eindruck zählt: Die Wohnung sollte für den Gast nicht nur sauber sein; auch ein persönlich angerichtetes Willkommenspaket mit Getränken und einem kleinen regionalen Snack sowie einer Erstausstattung für Spüle und Bad wird gern gesehen.

Diese Aufwendungen und alle anderen Ausgaben, die Ihnen im Zusammenhang mit Ihrer Ferienwohnung entstehen, sind Werbungskosten. Dazu gehören natürlich die normalen Kosten, die allgemein bei der Vermietung einer Immobilie anfallen, beispielsweise Reparaturen und Zinsen für einen Kredit oder die Abschreibung der Wohnung (siehe „Werbungskosten: Was, wie viel, wann?" ab S. 48).

Aber auch andere Aufwendungen wie die Beiträge zum Fremdenverkehrsverein, Ausgaben für die Verwaltung, für laufende Online-Anzeigen in verschiedenen Portalen, Prospekte, Wäsche oder der Ersatz von Geschirr zählen dazu.

In einer Ferienwohnung müssen Sie in aller Regel – im Gegensatz zu einer regulär vermieteten Wohnung – öfter Einrichtungsgegenstände und elektronische Großgeräte anschaffen oder ersetzen. Bei einem Nettobetrag unter 800 Euro dürfen Sie die Ausgaben für Kühlschrank, Wohnzimmerregal oder Schlafzimmerjalousien ebenfalls sofort als Werbungskosten geltend machen. Dies ist auch dann möglich, wenn die Geräte oder Möbel in der Gesamtsumme die 800-Euro-Grenze übersteigen.

Ein Beispiel: Sie schaffen für Ihre Ferienwohnung ein Smart-TV für 599 Euro an. Außerdem ersetzen Sie in der Küche den Geschirrspüler (529 Euro) und lassen für das zweite Schlafzimmer der Ferienwohnung einen Kleiderschrank mit Schräge anfertigen (949 Euro). Netto – also ohne Umsatzsteuer – fallen folgende Aufwendungen an:

Smart-TV:	503,36 Euro
Geschirrspüler:	444,54 Euro
Kleiderschrank mit Schräge:	797,48 Euro

Da die jeweiligen Ausgaben für die einzelnen Gegenstände für sich genommen den Nettobetrag von 800 Euro nicht übersteigen, dürfen Sie die Aufwendungen für alle drei Geräte beziehungsweise Möbel im Jahr des Kaufs in der Steuererklärung ansetzen.

UNSER RAT

Wenn es etwas teurer wird

Wenn Sie eine Markise mit Motor oder ein hochwertiges Fitnessgerät anschaffen, reißen Sie möglicherweise die 800-Euro-Grenze. Dann müssen auch Einrichtungsgegenstände abgeschrieben werden, und zwar linear über die voraussichtliche Nutzungsdauer. Diese legt die Finanzverwaltung in der sogenannten AfA-Tabelle fest. Sie dürfen als Ferienhaus-Vermieter allerdings die gesonderte AfA-Tabelle „Gastgewerbe" nutzen. Einen Auszug finden Sie im Formularteil dieses Sets. Die Abschreibungsdauer von Möbeln ist in dieser speziellen Tabelle beispielsweise kürzer als in der regulären AfA-Tabelle, sodass Sie pro Jahr höhere Abschreibungsbeträge ansetzen dürfen.

Ausschließliche Vermietung sichern

Trifft keine der zuvor genannten vier Voraussetzungen zu, müssen Sie dem Finanzamt erklären, dass Sie die Ferienwohnung nicht selbst nutzen. Selbstverständlich dürfen Sie sich in ihr aufhalten, um Feriengäste in Empfang zu nehmen oder sich um die Immobilie zu kümmern. Dazu zählen unter anderem diese Tätigkeiten:

- Reinigung bei Mieterwechsel
- allgemeine Kontrolle
- Beseitigung von Schäden, die Mieter verursacht haben
- Teilnahme an Eigentümerversammlungen

Vorsicht: Wenn Angehörige Sie dabei begleiten oder Sie länger als einen Tag bleiben (und das womöglich in der Saison), müssen Sie dem Finanzamt belegen, dass Sie sich wirklich während der ganzen Zeit um Verwaltung oder Reparatur gekümmert haben. Das geht etwa mit Fotos der Instandsetzungsarbeiten oder indem Sie die Arbeitsstunden samt konkreten Tätigkeiten auflisten. Ferner müssen Sie die ausschließliche Vermietung nachweisen. Eine ausschließliche Vermietungsabsicht können Sie etwa durch Aufnahme in das regionale Gastgeberverzeichnis oder dauerhafte Werbung in Printmedien/Internet dokumentieren.

Steht Ihre Ferienwohnung immer wieder leer und kommen Sie dadurch auf zu wenig Vermietungstage, müssen Sie belegen, dass Ihre Vermietungsbemühungen ernsthaft sind. Dies ist zum Beispiel mit intensiver Werbung, etwa mit gesponserten Online-Inseraten, Autofolien oder Außenreklame, möglich. Hier werden im Prinzip die gleichen Maßstäbe angelegt wie beim vorübergehenden Leerstand in der Mietimmobilie – und am besten dokumentieren Sie sämtliche Bemühungen, damit das Finanzamt Ihre Einkünfteerzielungsabsicht nachvollziehen kann (siehe „Vorübergehender Leerstand", S. 64).

Festzuhalten ist: Wenn Sie ausschließlich an Feriengäste vermieten, darf das Finanzamt Ihnen auch dann keine Liebhaberei unterstellen, wenn Sie über eine längere Zeit Verluste verzeichnen. Das Finanzamt schaut allerdings genauer hin, wenn die Wohnung immer wieder leer steht. Der Bundesfinanzhof hat als Faustformel für die Einstufung als Liebhaberei benannt, dass die ortsübliche Vermietungszeit um mindestens 25 Prozent unterschritten wird und dafür keine besonderen Gründe vorliegen. Das bedeutet im Umkehrschluss: Können Sie nachweisen, dass das Haus beispielsweise gar nicht bewohnbar war, weil Sie das Objekt umfassend renoviert haben, müssen Sie Ihre Einkünfteerzielungsabsicht nicht belegen.

War die ausschließlich vermietete (und nicht selbst genutzte) Ferienwohnung zu weniger als 75 Prozent der ortsüblichen Zeit vermietet, zum Beispiel, weil Sie die Immobilie nicht genug beworben haben, müssen Sie beim Finanzamt Überzeugungsarbeit leisten. Angenommen, andere Feriendomizile am Ort sind im Durchschnitt an 180 Tagen vermietet, Ihre Wohnung aber nur an 126 Tagen: Dann müssen Sie, obwohl das Objekt vielleicht sämtliche Ferientage durch belegt war, beweisen, dass Sie trotzdem auf Dauer Gewinn machen können. In einem solchen Fall müssen Sie detailliert mithilfe einer Überschussprognose darlegen, dass Sie einen Totalüberschuss erzielen können. Das Gleiche gilt, wenn Ihr Urlaubsdomizil zu einer bestimmten Jahreszeit gar nicht genutzt oder vermietet ist. Achtung: Sie dürfen die notwendigen Vermietungstage für die Anerkennung der ausschließlichen Vermietungsabsicht nicht durch verbilligte Mieten erzielen. Je nachdem, wie niedrig die Miete ausfällt, greifen die Bestimmungen zur verbilligten Vermietung (siehe „Verträge mit Angehörigen", S. 69), und Ihnen entgeht womöglich ein Teil des Werbungskostenabzugs.

Gewerblich oder nicht?

Mit dem Vermieten von Ferienwohnungen verdienen Sie Geld. Ob es sich hier um Einkünfte aus Vermietung und Verpachtung handelt (§ 21 EStG) oder ob ein Gewerbe vorliegt (§ 15 EStG), hängt von verschiedenen Faktoren ab. Zum Beispiel schaut die Finanzverwaltung darauf, welche zusätzlichen Leistungen Sie Ihren Mietern anbieten. Das bedeutet nun aber nicht, dass Sie Ihren Mietern alle Annehmlichkeiten vorenthalten müssen. Bestimmte Leistungen gelten im Zusammenhang mit einer Ferienwohnung als üblich und nicht gewerblich. Dazu gehört zum Beispiel, wenn Sie

- Bettwäsche, Handtücher und Geschirrtücher mitvermieten,
- Ihren Gästen zur Anreise Getränke offerieren,
- jeden Morgen Brötchen und Hörnchen vor die Tür stellen,
- ein Restaurant reservieren oder ein Sportangebot organisieren,
- die bereitgestellte Wäsche wöchentlich wechseln,
- die Endreinigung der Ferienwohnung übernehmen.

Kritisch wird es, wenn die Finanzverwaltung davon ausgeht, dass Sie Ihre Ferienimmobilie gewissermaßen wie eine Pension oder ein Hotel führen, also weitere Zusatzleistungen anbieten. Diese müssen dann allerdings umfangreich sein und über die reine Überlassung einer Ferienwohnung hinausgehen.

Dann wird die Vermietung unter Einkünfte aus Gewerbebetrieb einsortiert – mit der Folge, dass Sie nicht nur Einkommenssteuer auf Ihren Gewinn, sondern auch Gewerbesteuer auf Ihren Gewerbeertrag zahlen müssen. Der Gewerbeertrag wird ausgehend vom Gewinn ermittelt, diverse Positionen werden hinzugerechnet beziehungsweise gekürzt, um die objektive Ertragskraft des Gewerbebetriebs zu ermitteln. Der Gewerbeertrag ist die Grundlage für die Berechnung der Gewerbesteuer; diese wird mithilfe eines Steuermessbetrags errechnet – und das Finanzamt berücksichtigt noch einen Freibetrag von 24 500 Euro. Erst oberhalb dieses Freibetrags wird Gewerbesteuer fällig. Außerdem unterliegt bei gewerblichen Vermietungen der Verkauf Ihrer Ferienimmobilie

AUSFÜLLHINWEIS

S. 114

Anlage V-FeWo

Wenn Sie Wohnungen als Urlaubsdomizil oder zur kurzfristigen Nutzung vermieten, müssen Sie seit 2023 die Anlage V-FeWo beim Finanzamt einreichen. Hier können Sie bis zu vier Ferienobjekte erörtern. Wenn dies nicht ausreicht, füllen Sie eine weitere Anlage V-FeWo aus.

In den Zeilen 1–3 geben Sie Ihren Namen und Ihre Steuernummer an. Sollten Sie mehrere Anlagen V-FeWo einreichen, nummerieren Sie diese durch. In den folgenden Zeilen erfassen Sie das Aktenzeichen des Grundsteuermessbescheids, die Größe der Ferienwohnung sowie die Art und Weise der Nutzung.

auch nach zehn Jahren der Einkommensteuer (siehe „So lassen sich beim Verkauf Steuern sparen“, S. 40).

Wann Umsatzsteuer?

Ob bei der Vermietung einer Immobilie nicht nur Einkommens-, sondern auch Umsatzsteuer anfällt oder nicht, hängt davon ab, ob Sie das Objekt dauerhaft vermieten oder selbst nutzen – oder ob Sie kurzfristig vermieten, sprich an wechselnde Feriengäste. Aus diesem Grund ist die Vermietung eines Ferienhauses oder einer -wohnung von der Umsatzsteuerbefreiung ausgenommen. Im Umsatzsteuergesetz heißt es dazu: *„Nicht befreit sind die Vermietung von Wohn- und Schlafräumen, die ein Unternehmer zur kurzfristigen Beherbergung von Fremden bereithält“* (§ 4 Nr. 12 UStG). Diese kurzfristige Vermietung wird mit dem ermäßigten Umsatzsteuersatz von 7 Prozent versehen. Mögliche Zusatzangebote – etwa WLan-Nutzung oder Mietfahrräder – sind mit 19 Prozent Mehrwertsteuer anzusetzen.

Das bedeutet also, dass Sie auf den Mietpreis der Ferienwohnung Umsatzsteuer aufschlagen und diese ans Finanzamt abführen müssen. Dafür dürfen Sie im Gegenzug die sogenannte Vorsteuer – also die Umsatzsteuer, die Ihnen für Aufwendungen in Zusammenhang mit der Ferienwohnung berechnet wurde – von Ihrer Umsatzsteuerschuld abziehen. Dies geben Sie in der Umsatzsteuer-Voranmeldung beziehungsweise am Jahresende in Ihrer Umsatzsteuer-Erklärung an. Das hört sich nach ziemlich viel zusätzlichem Aufwand an – dem Sie dann entgehen, wenn Ihre Umsätze im vorangegangenen Jahr eine bestimmte Umsatzgrenze nicht überschritten haben.

Bei der Ferienwohnung haben Sie die Qual der Wahl: Entweder vermieten Sie mit Umsatzsteuer und kommen zugleich in den Genuss des Vorsteuerabzugs – oder Ihre Umsätze bleiben unter 25 000 Euro pro Jahr. Dann können Sie die Kleinunternehmerregelung nach § 19 UStG in Anspruch nehmen.

Bei zahlreichen Privatvermietern von Urlaubsdomizilen greift diese Kleinunternehmerregelung. Sie besagt im Kern: Sie müssen einerseits für Ihre Umsätze keine Umsatzsteuer ans Finanzamt zahlen, dürfen andererseits aber keinen Vorsteuerabzug geltend machen. Die Kleinunternehmerregelung ist an die Höhe des Umsatzes gekoppelt. Es gelten folgende Voraussetzungen:

- ➜ Die Umsatzgrenze pro Jahr beträgt maximal 25 000 Euro; bis dieser Betrag überschritten wird, können Sie immer die Kleinunternehmerregelung nutzen.
- ➜ Wenn Sie im laufenden Jahr die Umsatzgrenze von 25 000 Euro überschreiten, bleiben Sie in dem betreffenden Jahr in der Kleinunternehmerregelung, solange Sie den Höchstbetrag von 100 000 Euro nicht reißen.
- ➜ Überschreiten Sie die Grenze von 100 000 Euro im laufenden Jahr, kommt es auf die Planung der Umsätze an. Hier sollten Sie den Nachweis führen, dass Sie Erlöse unterhalb von 100 000 Euro im laufenden Jahr erwartet haben, etwa mithilfe einer Hochrechnung beim Steuerberater.
- ➜ Wichtig: Die genannten Grenzen gelten für die Umsätze aus allen Ferienwohnungen, nicht pro Immobilie.

In Ihren Rechnungen müssen Sie auf Ihren Status als Kleinunternehmer verweisen, etwa mit der Formulierung „Gemäß § 19 Abs. 1 UStG wird keine Umsatzsteuer erhoben“.

Bis 2023 waren Kleinunternehmer verpflichtet, eine Umsatzsteuer-Erklärung beim Fiskus einzureichen. Mit dem Wachstumschancengesetz (2024) ist diese Pflicht entfallen: Sie müssen als umsatzsteuerlicher Kleinunternehmer keine Umsatzsteuer-Erklärung abgeben.

Rechnung schreiben: Wie geht das?

Eigentlich möchten Sie nur eine Ferienwohnung vermieten. Und jetzt möchten Ihre Mieter gern eine Rechnung haben. Wir zeigen, was Sie dabei beachten müssen und welche Pflichten Sie haben, wenn Sie gewerblich vermieten.

„Gern buchen wir in der Woche vor Ostern Ihre Ferienwohnung. Könnten Sie uns eine Bestätigung der Reservierung und eine Rechnung zukommen lassen?" Als Vermieter eines Urlaubsdomizils haben Sie dieses Anliegen sicher schon öfters gehört oder in einer E-Mail gelesen. Aber sind Sie überhaupt verpflichtet, eine Rechnung auszustellen? Und wie muss eine solche Rechnung aussehen, damit auch das Finanzamt sie akzeptiert?

Wichtig ist: Bei einer gewerblichen Vermietung sind Sie verpflichtet, eine Rechnung auszustellen (siehe „Gewerblich oder nicht?", S. 83). Diese muss die Pflichtvorgaben für eine Rechnung laut Umsatzsteuergesetz enthalten. Wenn Sie Ihre Ferienwohnung privat vermieten, müssen Sie im Prinzip keine Rechnungen schreiben. Allerdings sollten Sie sich dies trotzdem zur guten Gewohnheit machen, denn zum einen haben Sie damit professionelle Belege für Ihre Buchhaltung. Zum anderen können Ihre Gäste eine Rechnung verlangen – und spätestens dann müssen Sie eine Rechnung für sie erstellen.

Wenn Sie eine Rechnung ausstellen, müssen Sie einige Formvorschriften beachten. Diese sind vor allem mit Blick auf die Umsatzsteuer wichtig. Umsatzsteuerpflichtige Vermieter, die die Rechnungsvorgaben nicht oder nicht korrekt einhalten, gefährden ihren Vorsteuerabzug.

Der Gesetzgeber unterscheidet hier zwischen

- Pflichtangaben für Kleinbetragsrechnungen bis 250 Euro und
- Pflichtangaben für alle Rechnungen mit einem höheren Betrag.

Selbst wenn es nicht von den Finanzbehörden vorgeschrieben ist: Selbstverständlich sollten Sie auch Ihre Bankverbindung auf all Ihren Rechnungen angeben. Ohne die Iban und Bic-Daten ist es ansonsten schwierig für Ihre Gäste, Ihnen die Miete für das Ferienhaus und mögliche Nebenkosten zu bezahlen.

Sollten Sie auch hin und wieder Rechnungen bis zu einem Betrag von 250 Euro ausstellen, müssen Sie nicht so viele Formalia beachten. Trotzdem müssen bei Rechnungen bis zu einem Betrag von 250 Euro folgende Elemente enthalten sein:

- vollständiger Name und Anschrift des leistenden Unternehmers,
- Ausstellungsdatum,
- Menge und Art der Leistungen,
- Bruttobetrag in einer Summe (Nettobetrag plus Umsatzsteuer),
- anzuwendender Umsatzsteuersatz.

Wie Sie sehen, können Sie auf die Angabe Ihrer Steuernummer und beispielsweise die Adresse des Leistungsempfängers sowie den Zeitpunkt der Leistung verzichten.

Praxistipp: Ein Mustervorlage für eine solche Rechnung finden Sie im Formularteil dieses Buches auf Seite 141.

CHECKLISTE

Rechnungen für Beträge über 250 Euro

Bei Rechnungen für Beträge über 250 Euro sind die gesetzlichen Formalien umfangreich. Folgende Punkte müssen enthalten sein:

- ☐ **Name und Adresse des leistenden Unternehmers:** Ihr Name und Ihre Anschrift müssen vollständig aufgeführt werden.
- ☐ **Name und Adresse des Kunden:** Name und Anschrift des Gastes müssen vollständig sein.
- ☐ **Steuernummer des leistenden Unternehmens:**
  Hier gehört Ihre Steuernummer oder die Umsatzsteuer-Identifikationsnummer (Ust-ID) hin. Wenn Sie sich scheuen, Ihre private Steuernummer auf der Rechnung zu veröffentlichen, können Sie eine USt-ID beim Bundeszentralamt für Steuern beantragen. Sie kostet nichts und kann online beantragt werden unter https://www.bzst.de/DE/Unternehmen/Identifikationsnummern/Umsatzsteuer-Identifikationsnummer/Vergabe_USt_IdNr/vergabe_ust_idnr_node.html#js-toc-entry2.
- ☐ **Ausstellungsdatum**
- ☐ **Fortlaufende Rechnungsnummer:** Die Nummer muss klarmachen, dass die Rechnung einmalig ist. Die Rechnungsnummer darf also nicht zweimal verwendet werden. Alles andere bleibt Ihnen überlassen. „Fortlaufend" bedeutet also weder lückenlos noch der Reihe nach. Möglich ist zum Beispiel eine Kombination aus Jahreszahl und Rechnungsnummer, also beispielsweise „07025" für die siebte Rechnung im Jahr 2025. Sie können auch Kundennummern oder Kundenabkürzungen vergeben und diese mit der Rechnungsnummer kombinieren.
- ☐ **Menge und handelsübliche Bezeichnung der Lieferung oder Leistung:** Allgemeingültige Aussagen, wann eine Bezeichnung „handelsüblich" ist, sind laut Bundesfinanzministerium nicht möglich. Die Angaben müssen eine eindeutige Identifizierung der abgerechneten Leistungen ermöglichen. Sie dürfen aber zum Beispiel auf andere Unterlagen, etwa die Buchungsbestätigung, verweisen. Diese müssen Sie der Rechnung nicht zwingend beifügen, müssen diese aber genau benennen.
- ☐ **Zeitpunkt/Zeitraum der Leistung:** Hier geben Sie den Mietzeitraum an.
- ☐ **Nettoentgelt:** Damit ist der Nettobetrag ohne mögliche Umsatzsteuer gemeint.
- ☐ **Vereinbarte Entgeltsminderung:** Falls Sie beispielsweise für eine Vermietung in der Nebensaison, für eine frühe Buchung oder eine Buchung über einen längeren Zeitraum Rabatt gewähren, reicht hier ein Hinweis wie „Es bestehen Rabatt- oder Bonusvereinbarungen".
- ☐ **Umsatzsteuersatz und Umsatzsteuerbetrag (so Sie umsatzsteuerpflichtig sind):** Falls es sich um mehrere Leistungen handelt, die demselben Umsatzsteuersatz unterliegen, dürfen Sie erst einmal die Gesamtsumme bilden und darauf den Steuersatz ermitteln und ausweisen. Wenn Sie unter die Kleinunternehmerregelung fallen, ist ein Hinweis auf die Regelung zwar nicht verpflichtend, aber doch sinnvoll. Wenn Sie also die Kleinunternehmerregelung anwenden, versehen Sie Ihre Ausgangsrechnungen einfach mit der Standardformulierung: „Gemäß § 19 UStG enthält der Rechnungsbetrag keine Umsatzsteuer."

Die E-Rechnung ist da

Seit Anfang 2025 gilt für Unternehmer die E-Rechnungs-Pflicht. Eine E-Rechnung ist laut Gesetz „eine Rechnung, die in einem strukturierten elektronischen Format ausgestellt, übermittelt und empfangen wird und eine elektronische Verarbeitung ermöglicht." (§ 14 UStG). Achtung: Eine PDF-Rechnung ist zwar ein elektronisches Format, aber im Grunde eine bildhafte Darstellung einer Rechnung in digitaler Form. Weil die enthaltenen Daten nicht automatisch elektronisch verarbeitet werden können, zählen PDF-Rechnungen nicht zu den gesetzlich definierten E-Rechnungen.

Die E-Rechnung wiederum ist ein strukturiertes elektronisches Format, das europäischen Normen entsprechen muss. Derzeit erfüllen die Formate XRechnung und ZUGFeRD diese Vorgaben. Beide übermitteln die notwendigen Rechnungsdaten im Format XML, das für Maschinen und über Visualisierungsprogramme auch für Menschen lesbar ist. Bei ZUGFeRD sind die XML-Daten in ein PDF eingebunden. Deshalb wird es auch als „hybrides Format" bezeichnet, weil Sie die Rechnung lesen und die Daten zugleich maschinell verarbeitet werden können.

Für viele Unternehmer und damit gegebenenfalls auch für Sie als Vermieter gelten Übergangsfristen, was das Erstellen von E-Rechnungen betrifft. Allerdings müssen alle Unternehmerinnen und Unternehmer seit Jahresbeginn E-Rechnungen empfangen können. Mit anderen Worten: Wenn Handwerker oder die Hausverwaltung Ihnen eine E-Rechnung übermitteln, können Sie nicht einfach sagen, dass Sie die Rechnung in diesem Format nicht lesen oder annehmen können. Sie haben dann keinen Anspruch darauf, die Rechnung in einer alternativen Form zu erhalten.

Sorgen Sie also vor: Legen Sie eine separate E-Mail-Adresse für Rechnungen in Zusammenhang mit Ihrer Immobilie an, etwa: rechnungen-musterstraße@provider.de oder rechnungseingang-meineimmobilie@provider.com. Diese E-Mail-Adresse muss mit einem Programm oder Portal verknüpft sein, das E-Rechnungen auslesen kann. Die E-Mail-Adresse können dann alle Dienstleister und Handwerker im Zusammenhang mit Ihrem Objekt für E-Rechnungen nutzen.

Klären Sie außerdem mit Ihrem Steuerprofi, wie Sie E-Rechnungen digital archivieren und an ihn weiterleiten sollen. Das Jahressteuergesetz 2024 hält für Kleinunternehmer gute Nachrichten bereit. Sie sind von der Pflicht, E-Rechnungen auszustellen, befreit. Sie müssen aber grundsätzlich E-Rechnungen empfangen und weiterverarbeiten können.

Rechnungen sind aufbewahrungspflichtige Belege Ihrer Steuererklärung. Jeder Beleg muss in seiner ursprünglichen Form aufbewahrt werden, Papierbelege dürfen digitalisiert werden. Für digitale Belege bedeutet es, die Daten elektronisch unverändert aufzubewahren. Sie dürfen nicht vor Ablauf der Aufbewahrungsfrist gelöscht werden.

Bislang mussten Rechnungen und andere Belege zehn Jahre lang archiviert werden. Die Aufbewahrungspflicht beginnt mit dem Ablauf des Kalenderjahres, in dem die letzten Änderungen oder Aufzeichnungen gemacht wurden. Für Buchungsbelege und vergleichbare Unterlagen ist das Ende des Kalenderjahrs ihrer Entstehung entscheidend. Beispielsweise mussten Sie bislang die Steuererklärung des Jahres 2014, die Sie im Jahr 2015 erstellt haben, samt Unterlagen bis Ende des Jahres 2025 aufbewahren.

Im Herbst vergangenen Jahres wurde das Bürokratieentlastungsgesetz IV verabschiedet. Damit sollen etwa die Aufbewahrungskosten für Buchungsbelege gesenkt werden. Daher werden die Aufbewahrungsfristen von zehn auf acht Jahre verkürzt. Die neuen Fristen gelten für alle Unterlagen, deren Aufbewahrungsfrist einen Tag vor Inkrafttreten des Gesetzes noch nicht abgelaufen war. Auch die Archivierungsfristen für Ausgangs- und Eingangsrechnungen wurden auf acht Jahre reduziert.

Gemischt genutzte Ferienwohnungen

Eine eigene Ferienwohnung möchten Sie möglicherweise nicht nur vermieten, sondern auch selbst nutzen. Steuerlich müssen Sie diese beiden Aspekte jedoch trennen und dem Finanzamt Ihre Gewinnabsichten begründen.

Häufig werden Ferienwohnungen nicht nur zum Vermieten angeschafft. Vielleicht haben Sie seit ein paar Jahren ein Ferienhäuschen für sich und Ihre Familie an einem schönen Ort, sagen wir an einem See. Und Sie möchten die Kosten senken, indem Sie es hin und wieder an Urlaubsgäste vermieten. Oder Sie haben viel Geld in eine Immobilie investiert, die dort liegt, wo andere ihre Ferien verbringen, und möchten dort nun auch selbst Urlaub machen. Das ist absolut verständlich, steuerlich betrachtet allerdings Privatsache. Die Vermietung an Gäste wird dadurch komplexer, zumindest in den Augen des Finanzamts.

Klar ist, Sie müssen Ihre Einkünfte aus der Vermietung versteuern. Was aber ist mit Ihren Kosten? Das hängt von Ihrer „Einkünfteerzielungsabsicht" ab. Denn wenn eine Ferienwohnung zeitweise vermietet und zeitweise selbst genutzt wird, muss die Einkünfteerzielungsabsicht in Gänze geprüft werden. Sie müssen also dem Finanzamt erklären, wie es um Ihre Gewinnerzielungsabsicht steht. Für einen Prognosezeitraum von 30 Jahren müssen Sie – anhand geschätzter Einnahmen und Ausgaben – darlegen, dass sich ein Totalüberschuss ergibt.

Wichtig: Es kommt nicht darauf an, ob Sie tatsächlich Zeit in der Immobilie verbringen. Es reicht bereits aus, dass Sie sich eine Zeit für die Selbstnutzung vorbehalten – und das Objekt in dieser Zeit nicht vermietet werden kann. Das hat der Bundesfinanzhof in den vergangenen Jahren immer wieder bestätigt.

Für den Prognosezeitraum von 30 Jahren müssen Sie die voraussichtlichen Einnahmen und Ausgaben schätzen. Um die Einnahmen zielgenau zu kalkulieren, wenden Sie sich am besten an die Touristenzentrale. Dort erhalten Sie Informationen darüber, welche Mietpreise zu erzielen sind und wie viele Tage im Jahr im Schnitt vermietet werden können. Die Totalüberschussprognose ermitteln Sie im Prinzip ähnlich wie beim Verdacht auf Liebhaberei (siehe „Vorsicht Liebhaberei", S. 66). Allerdings dürfen Sie nur Kosten einbeziehen, die zur Vermietung gehören beziehungsweise zu vermieteten Zeiten anfallen – das heißt die anteiligen Kosten.

Leerstand geteilt

Wenn Sie sich das Recht vorbehalten, die Ferienimmobilie selbst zu nutzen, oder dies tatsächlich auch tun, wird Leerstand anders behandelt als bei ausschließlicher Vermietungsabsicht. Hier sind laut einem Grundsatzurteil des Bundesfinanzhofs verschiedene Szenarien denkbar (Az. IX R 97/00):

→ **Sie vermieten Ihre Ferienwohnung über eine Agentur.** Ein bestimmter Zeitraum im Jahr oder festgelegte Monate sind Ihnen vertraglich zur Selbstnutzung vorbehalten. Dieser zählt als private Nutzung, der Rest der Zeit – auch wenn hier Leerstand entsteht – fällt unter die Vermietung. Die anteiligen Werbungskosten für die Zeit, in der die Wohnung vertraglich angeboten werden kann, können steuerlich geltend gemacht werden.

- **Sie vermieten Ihre Ferienwohnung selbst.** Das Finanzamt geht davon aus, dass Sie das Angebot der Immobilie auf dem Markt selbst bestimmen und die Wohnung jederzeit selbst nutzen können. Um die abzugsfähigen Werbungskosten zu berechnen, wird der Leerstand aufgeteilt: Die tatsächliche Vermietung wird zur tatsächlichen Selbstnutzung ins Verhältnis gesetzt; mit dieser Quote wird der anteilige Leerstand der Vermietung zugeschlagen – und nur in Höhe dieses Anteils dürfen die Werbungskosten abgezogen werden.
- **Sie können die Selbstnutzung der Immobilie nicht nachweisen.** Hier geht die Finanzverwaltung wie in vielen anderen Fällen der gemischten Ausgaben vor: Es geht von einer 50/50-Situation aus. Demzufolge darf nur die Hälfte der Aufwendungen für das Mietobjekt in der Steuererklärung angesetzt werden. Die andere Hälfte wird der möglichen Selbstnutzung und damit der privaten Lebensführung zugerechnet.

Es ist also durchaus von Vorteil, wenn Sie die Selbstnutzung nachweisen – und von den Zeiten trennen, in denen Sie sich zwar in der Ferienwohnung aufhalten, aber mit Verwaltungs- oder Reparaturarbeiten befasst sind. Denn diese Zeiten gehören zur Vermietung.

Vermittelt – aber richtig

Ein Vertrag mit einer Agentur über das Ferienobjekt scheint also steuerlich das Beste zu sein, um Werbungskosten bei den Einkünften aus Vermietung und Verpachtung ansetzen zu können. Aber Vorsicht: Die Selbstnutzung sollte klar geregelt sein. Das Finanzgericht Köln hat bereits vor mehreren Jahren entschieden, dass Vereinbarungen über kurzfristige Selbstnutzung – gewissermaßen auf Zuruf – hier schädlich sein können (Az. 9 K 7433/98). In dem Fall hatten die Eigentümer mit einer Ferienwohnungsverwaltung einen Vertrag über die Vermittlung geschlossen. Darin war auch festgelegt, dass Eigenbelegung nach Absprache möglich sei.
Das Gericht ging davon aus, dass daher die Selbstnutzung auch kurzfristig möglich sei, soweit keine Mieter das Objekt reserviert hatten. Die Folge: Die Leerstandszeiten durften wie die Werbungskosten nur anteilig der Vermietung zugeschlagen werden.

Zweitwohnsitzsteuer bei Selbstnutzung

In vielen Städten und Gemeinden ist mittlerweile eine Zweitwohnsitzsteuer üblich. Diese wird grundsätzlich dann fällig, wenn Sie neben Ihrer Hauptwohnung noch eine weitere Wohnung nutzen. Die Hauptwohnung ist in aller Regel der Erstwohnsitz, also der Ort, wo Sie hauptsächlich leben. Ob es sie gibt und wie hoch eine mögliche Zweitwohnsitzsteuer ist, können die Kommunen in einer eigenen Satzung festlegen. Auskunft darüber gibt die örtliche Verwaltung, Informationen dazu finden Sie meist auch auf den Internetseiten der Gemeinde.

Wenn Sie Ihr Ferienhaus hin und wieder oder zu festgelegten Zeiten selbst nutzen möchten, kann dies als Zweitwohnsitz eingestuft werden. Sowohl die Bemessungsgrundlage als auch die Höhe der Zweitwohnsitzsteuer können Städte und Gemeinden selbst festlegen. In der Regel ist die Jahreskaltmiete die Grundlage der Steuer. Im Zweifelsfall müssen Sie der Kommune nachweisen, dass die Immobilie ausschließlich an Urlaubsgäste vermietet wird. Dann entfällt die Zweitwohnsitzsteuer.

Untervermietung, Airbnb & Co.

Wesentlich einfacher als die Investition in eine Immobilie scheint für viele die Zwischenvermietung der eigenen Wohnung zu sein. Aber Vorsicht: Hier lauern einige Fallstricke, die nicht nur steuerlicher Natur sind.

Nicht jeder hat das Geld, in eine Ferienimmobilie zu investieren. Je nach Wohnort und Region bietet es sich aber möglicherweise an, die eigene Wohnung als Urlaubsdomizil auf den Markt zu bringen. Hier sind rechtlich und steuerlich einige Hürden zu nehmen. Zuallererst müssen Sie, wenn Sie Ihr Zuhause lediglich gemietet haben und nicht selbst der Eigentümer sind, Ihren Vermieter fragen. Eine normale Untervermietungserlaubnis, wie sie in manchen Mietverträgen üblich ist, reicht nicht aus. Denn die tage- oder wochenweise Vermietung an Urlaubsgäste unterscheidet sich von einer auf Dauer angelegten Untervermietung. Daher benötigen Sie die Erlaubnis Ihres Vermieters – holen Sie diese nicht ein, kann Ihnen der Mietvertrag gekündigt werden.

Wenn Sie also Ihre gesamte Wohnung oder einen Teil davon an Feriengäste vermieten wollen, kann der Vermieter die Zustimmung verweigern. Grund kann sein, dass die Untermieter dann häufiger wechseln als bei einer langfristig angelegten Untermiete.

Hat der Vermieter die vorübergehende Untervermietung erlaubt und ist diese erste Hürde genommen, kann ein zweiter Stolperstein in den Vorgaben der Stadt liegen. Denn in einigen Bundesländern existieren inzwischen Vorschriften, die eine mögliche Zweckentfremdung von Wohnraum untersagen. Gerade in attraktiven Regionen und in den Metropolen gehen die Behörden äußerst streng gegenüber Vermietungen via Airbnb und Co. vor. Mit den Bestimmungen wollen die Kommunen verhindern, dass durch die Vermietung an Kurzzeitgäste benötigter Wohnraum nicht zur Verfügung steht oder das übrige Mietangebot am Markt verteuert wird. Ein Verstoß dagegen kann ein hohes Bußgeld nach sich ziehen.

Die Regelungen in den einzelnen Bundesländern unterscheiden sich, sowohl in der Dauer der erlaubten Vermietung als auch in den Bedingungen und möglichen Ausnahmen. Einige Städte und Gemeinden verlangen, dass Sie sich vorab online registrieren und die vergebene Identifikationsnummer öffentlich in Inseraten angeben. Wenn Sie sich mit Ihrem Nachbarn nicht verstehen und über eine Vermietung nachdenken, sollten Sie in jedem Fall alle Vorgaben beachten. Denn einige Städte fordern Bürgerinnen und Bürger dazu auf, illegal an Touristen vermietete Wohnungen zu melden. Bei Ihrer Kommune können Sie nachfragen, welche Bestimmungen in Ihrer Gemeinde gelten und wo Sie sich gegebenenfalls registrieren müssen.

Steuerlich betrachtet gilt für kurzfristige Vermietung an Urlauber das Gleiche wie bei der langfristigen Untervermietung: Mieteinnahmen bis zu einem Betrag von 520 Euro im Jahr müssen Sie nicht in der Steuererklärung angeben; die dazugehörigen Werbungskosten können Sie dann auch nicht ansetzen. Aber Achtung: Bei den 520 Euro handelt es sich nicht um einen Freibetrag, sondern eine sogenannte Freigrenze. Das bedeutet: Belaufen sich Ihre Vermietungseinkünfte auf mehr als 520 Euro pro Jahr, muss die komplette Summe in die Steuererklärung eingetragen werden. Dann gelten die gleichen steuerlichen Regeln wie für normale Ferienwohnungen (siehe „Gemischt genutzte Ferienwohnungen“, S. 88).

Zu den Einnahmen zählen nicht nur die Miete, sondern auch mögliche Service- oder Reinigungsgebühren, die Sie erheben. Dafür stellen Airbnb und andere Plattformen eine individuelle Einnahmenübersicht zum Herunterladen zur Verfügung.

Praxistipp: Vermieten Sie ein einzelnes abgeschlossenes möbliertes Zimmer, das Sie nicht selbst nutzen, oder eine Einliegerwohnung Ihrer eigenen Immobilie dauerhaft an wechselnde Gäste, geht das Finanzamt von einer Einkünfteerzielungsabsicht aus (siehe „Einnahmen und Werbungskosten“, S. 78).

AUSFÜLLHINWEIS

S. 118

Untervermietung

Auch Einnahmen aus einer Untervermietung interessieren das Finanzamt. Das gilt sowohl für die Miete als solche als auch für Nebenkostenvorauszahlungen.

Diese gehören in die Anlage V-Sonstige der Steuererklärung (siehe Formularteil). Mieteinnahmen von weniger als 520 Euro im Jahr müssen Sie nicht in der Steuererklärung angeben. Übersteigen die Einnahmen diesen Betrag, müssen Sie die gesamte Summe (alle Einnahmen und anteilige Ausgaben) dem Finanzamt mitteilen.

Die Ausgaben des Gastgebers

Wenn Sie mehr als 520 Euro im Jahr über Untervermietung einnehmen, dürfen Sie natürlich auch die dazugehörigen Ausgaben steuerlich geltend machen. Dazu zählen die anteilige Miete und Nebenkosten für den Zeitraum, in dem Sie vermietet haben; außerdem Ausgaben für Wartung und Reparaturen, Versicherungen, Kosten für die Reinigung und natürlich für Ihre Werbung sowie Vermittlungsgebühren.

Ein Beispiel: Sie gehen für ein Kurzzeit-Sabbatical im Frühjahr für zwei Monate ins Ausland. Während dieser Zeit vermieten Sie Ihre Wohnung über eine Online-Plattform für einen ganzen Monat. Die Mieteinnahmen belaufen sich auf 1900 Euro. Sie wiederum zahlen pro Jahr zirka 13 800 Euro Miete inklusive Nebenkosten. Das bedeutet, dass Sie Werbungskosten von einer Monatsmiete in Höhe von rund 1150 Euro für die anteiligen Mietausgaben von Ihren Mieteinnahmen abziehen können.

Außerdem haben Sie 100 Euro an eine Putzkraft für die Reinigung der Wohnung bezahlt, 57 Euro sind für die Servicegebühren bei der Vermietungsplattform angefallen.

Insgesamt haben Sie also Werbungskosten in Höhe von 1307 Euro, die Sie von Ihren Mieteinnahmen abziehen können. Damit verbleiben 593 Euro. Diese müssen Sie als Einkünfte aus Vermietung versteuern, da Sie damit über der Freigrenze von 520 Euro im Jahr liegen.

Seit Kurzem verpflichtet das Plattformen-Steuertransparenzgesetz Anbieter wie Airbnb dazu, Umsätze oberhalb einer bestimmten Grenze offenzulegen. Registrierte Gastgeber sind zur Zusammenarbeit mit den Plattformen verpflichtet, ansonsten können die Anbieter Auszahlungen verzögern. Das Finanzamt erfährt also von Ihren Einnahmen, sodass Sie davon ausgehen können, dass Gewinne von mehr als 2 000 Euro entdeckt werden.

Vorsicht: Einkünfte, die verschwiegen wurden, können bis zu zehn Jahre im Nachhinein noch versteuert werden zuzüglich Zinsen. Zudem steht möglicherweise der Vorwurf der Steuerhinterziehung im Raum. Betroffene sollten sich in jedem Fall rechtzeitig an einen Fachanwalt für Steuerstrafrecht wenden und alle Mieteinkünfte dem Finanzamt offenlegen.

INTERVIEW

Bei Ferienimmobilien im Ausland gibt es steuerlich große Unterschiede

Eine Ferienimmobilie im Ausland scheint auf den ersten Blick doppelt attraktiv: Zum einen besitzen Sie damit ein Objekt, das Sie durch eine gute touristische Lage bestmöglich vermieten können. Zum anderen können Sie Ihre Investition jetzt für die eigene Erholung oder später als Alterswohnsitz nutzen. Aber Vorsicht: Steuerlich gibt es bei Auslandsimmobilien einiges zu beachten. Steuerberater Felix Becker, viele Jahre in der Finanzverwaltung NRW beschäftigt und seit 2021 in der Kanzlei Juhn Partner, kennt die Fallstricke.

Herr Becker, wie sollte man Ihrer Meinung nach vorgehen, wenn man den Wunsch hat, im Ausland in ein Urlaubsdomizil zu investieren?

Aus steuerlicher Sicht sollte man insbesondere die folgenden Schritte beachten beziehungsweise prüfen:
1. Das ausländische Steuerrecht bezüglich der Besteuerung von Vermietungseinkünften.
2. Prüfen, ob es ein Doppelbesteuerungsabkommen (DBA) mit diesem ausländischen Staat gibt.
3. Entscheiden, ob man die Immobilie als Privatperson oder gegebenenfalls über eine inländische oder ausländische Kapital- oder Personengesellschaft erwirbt.
4. Gegebenenfalls einen ausländischen Steuerberater hinzuziehen.

Welche steuerlichen Unterschiede sind grundsätzlich zwischen der Vermietung von Immobilien im EU-Ausland und im Nicht-EU-Ausland zu beachten?

Einkünfte aus vermieteten Ferienwohnungen im EU-Ausland und im Nicht-EU-Ausland, die ein unbeschränkt Steuerpflichtiger erzielt, sind aufgrund des Welteinkommensprinzips grundsätzlich in Deutschland einkommenssteuerpflichtig. Aufgrund von Doppelbesteuerungsabkommen werden Einkünfte aus vermieteten Gebäuden und Wohnungen in den meisten Fällen in dem Staat besteuert, in dem das Grundstück belegen ist. Die Vermietungseinkünfte werden demnach nicht in Deutschland besteuert, unterliegen aber dem Progressionsvorbehalt. Liegt das Vermietungsobjekt im EU-Ausland, ist der Progressionsvorbehalt nicht anzuwenden. Für Einkünfte aus dem Nicht-EU-Ausland ist der Progressionsvorbehalt hingegen anzuwenden.

Was genau ist der Progressionsvorbehalt?

Der Progressionsvorbehalt ist ein Begriff aus dem deutschen Steuerrecht. Er regelt die Berücksichtigung bestimmter Einkünfte, die selbst nicht der Einkommenssteuer unterliegen, bei der Berechnung des Steuersatzes für andere, steuerpflichtige Einkünfte. Hierfür werden die steuerfreien Einkünfte zum steuerpflichtigen Einkommen hinzugerechnet, um einen neuen, vorläufigen Gesamtbetrag der Einkünfte zu bilden. Auf diese Summe wird der Steuertarif angewendet, um den sogenannten hypothetischen Steuersatz zu ermitteln. Dieser hypothetische Steuersatz findet dann auf das tatsächlich steuerpflichtige Einkommen Anwendung, nicht auf das gesamte Einkommen inklusive der steuerfreien Teile.

Die steuerlichen Regularien sind auch innerhalb der Europäischen Union unterschiedlich, was Kauf und Vermietung von Immobilien angeht. Gibt es Länder, die diesbezüglich einfacher oder günstiger im Handling sind als andere?

Jedes Land hat bezüglich des Kaufs von Immobilien seine eigenen Gesetze. So ist beispielsweise der Immobilienkauf in Spanien für Deutsche normalerweise unproblematisch. Allerdings muss vor dem Abschluss eines Kaufvertrags eine sogenannte N.I.E.-Nummer – eine Ausländer-Identifikationsnummer – beantragt werden.

Welches sind die wichtigsten Steuerarten, die beim Kauf einer ausländischen Immobilie anfallen können?

In den meisten Ländern fällt ebenso wie in Deutschland Grunderwerbssteuer an. Diese beläuft sich beispielsweise in den Niederlanden auf 10,4 Prozent (overdrachtsbelasting); in Spanien variiert der Steuersatz zwischen 6 und 10 Prozent (impuesto de transmisiones patrimoniales) und ist davon abhängig, in welcher der 17 verschiedenen autonomen Regionen die Immobilie erworben wird. Zudem erheben beide Länder beziehungsweise die Gemeinde, in der die Immobilie liegt, eine jährliche Grundsteuer.

Bei der Vermietung von Ferienwohnungen dreht sich steuerlich viel um die Einkunftserzielungsabsicht. Muss ich diese auch bei ausländischen Immobilien nachweisen? Wenn ja, wie kann ich das im Einzelfall tun?

Grundsätzlich ist auch bei der Vermietung von ausländischen Ferienwohnungen die Einkunftserzielungsabsicht nachzuweisen. Allerdings läuft dies bei im Ausland belegenen Ferienimmobilien zumindest aus inländischer Betrachtungsweise ins Leere, da die Einnahmen in der Regel aufgrund von Doppelbesteuerungsabkommen dort versteuert werden müssen.
Ungeachtet dessen kann die Einkunftserzielungsabsicht wie folgt nachgewiesen werden, wobei zwei Fallgestaltungen zu unterscheiden sind:
1. Eine Ferienwohnung wird ausschließlich an wechselnde Feriengäste vermietet und in der übrigen Zeit hierfür bereitgehalten. Dies wird durch die Einschaltung eines Vermittlers oder Maklers nachgewiesen, der mit der Suche nach Gästen beauftragt wurde. Dabei wurde die Eigennutzung von vornherein vertraglich ausgeschlossen.
2. Eine Ferienwohnung wird zeitweise vermietet und zeitweise selbst genutzt. Es ist eine Überschussprognose für einen Prognosezeitraum von 30 Jahren mit den geschätzten Einnahmen und Ausgaben zu erstellen. Ergibt sich hieraus ein Totalüberschuss, ist die Einkunftserzielungsabsicht zu bejahen.

Was ist mit Verlusten?

Verluste aus der Vermietung werden unterschiedlich beurteilt, sofern sie nicht aufgrund eines Doppelbesteuerungsabkommens steuerfrei sind. Negative Einkünfte aus dem Nicht-EU-Ausland dürfen nur mit positiven Einkünften in den Folgejahren ausgeglichen werden, das heißt, Verluste wirken sich hier steuerlich zunächst nicht aus.

Gibt es bestimmte Länder oder Regionen, bei denen die Finanzverwaltung grundsätzlich von möglicher Liebhaberei ausgeht?

Die Beurteilung, ob die Vermietung von Ferienwohnungen als Liebhaberei einzustufen ist, ist immer eine Einzelfallentscheidung, und das Finanzamt muss in jedem Fall die Umstände des konkreten Falls berücksichtigen. Damit gibt es keine bestimmten Länder oder Regionen, bei denen die Finanzverwaltung grundsätzlich von Liebhaberei ausgeht.

Bin ich als Vermieter bei einem Doppelbesteuerungsabkommen immer von der deutschen Einkommenssteuer freigestellt?

Aufgrund von Doppelbesteuerungsabkommen werden Einkünfte aus vermieteten Gebäuden und Wohnungen in den meisten Fällen in dem Staat besteuert, in dem das Grundstück belegen ist. Die Vermietungseinkünfte werden demnach nicht in Deutschland besteuert, unterliegen aber dem Progressionsvorbehalt. Liegt das Vermietungsobjekt im EU-Ausland inklusive EWR (Ausnahme: Spanien und Schweiz), ist der Progressionsvorbehalt nicht anzuwenden. Für Einkünfte aus dem Nicht-EU-Ausland ist der Progressionsvorbehalt hingegen anzuwenden.
Allerdings beseitigen einige Doppelbesteuerungsabkommen die doppelte Besteuerung nicht durch Freistellung, sondern durch Anrechnung der ausländischen Steuer auf die Einkommenssteuer. Die Vermietungseinkünfte sind also in Deutschland zu versteuern. Im Gegenzug ist die bezahlte Einkommenssteuer auf die deutsche Einkommenssteuer anrechenbar.

Welche speziellen steuerlichen Verwaltungsregularien müssen Vermieter im Ausland kennen?

Pauschal kann man hier keine genaue Aussage treffen, da dies von Land zu Land variiert. Im Zweifel ist die Hinzuziehung eines ausländischen Steuerberaters ratsam, der sich mit den ortsspezifischen Besonderheiten auskennt.

Was ist bei einem möglichen Verkauf der Immobilie zu beachten?

Aufgrund der unbeschränkten Einkommenssteuerpflicht in Deutschland gilt auch für ausländische Immobilien die Rechtsfolge des privaten Veräußerungsgeschäfts, das heißt, bei einem Verkauf innerhalb der zehnjährigen Spekulationsfrist ist der Gewinn aus dem Verkauf zu besteuern. Aber auch hier sind die ausländischen Steuervorschriften und das jeweilige Doppelbesteuerungsabkommen zu beachten.

Möglicherweise möchte ich irgendwann meine Immobilie vorübergehend oder ganz selbst nutzen. Welche steuerlichen Auswirkungen kann dies bei einer ausländischen Ferienwohnung haben?

Sofern die Ferienwohnung in vollem Umfang selbst genutzt wird beziehungsweise die Vermietung als Liebhaberei einzustufen ist, werden keine Einkünfte aus Vermietung und Verpachtung mehr erzielt. Damit entfallen gegebenenfalls Steuererklärungspflichten vor Ort sowie in Deutschland bezüglich der Ferienwohnung.

Service

Fachbegriffe erklärt

Abschreibung (AfA) Die Abschreibung, auch Absetzung für Abnutzung (AfA) genannt, ist der steuerliche Abzug der Anschaffungs- oder Herstellungskosten einer Immobilie über einen bestimmten Zeitraum. Dies berücksichtigt den Wertverlust der Immobilie durch Abnutzung oder Alterung. Es gibt verschiedene Methoden der Abschreibung, wie die lineare und die degressive Abschreibung. Die Höhe der jährlichen Abschreibung hängt vom Baujahr der Immobilie ab.

Abschreibungssatz Der Prozentsatz, der zur Berechnung der jährlichen Abschreibung einer Immobilie verwendet wird. Der Abschreibungssatz hängt vom Baujahr und der Art der Immobilie ab. Beispielsweise beträgt der Abschreibungssatz für Gebäude, die nach dem 31. Dezember 2022 fertiggestellt wurden, 3 Prozent.

Absetzung für Abnutzung (AfA) Ein anderer Begriff für Abschreibung, der im Steuerrecht verwendet wird. Die AfA berücksichtigt den Wertverlust von Wirtschaftsgütern, die über einen längeren Zeitraum genutzt werden. Bei Immobilien wird die AfA auf die Anschaffungs- oder Herstellungskosten angewendet.

Absetzung für außergewöhnliche Abnutzung (AfaA) Eine Sonderform der Abschreibung, die bei außergewöhnlichen Ereignissen wie Naturkatastrophen oder Brandfällen angewendet wird. Die AfaA ermöglicht es, den Wertverlust der Immobilie aufgrund dieser Ereignisse steuerlich geltend zu machen.

AfA-Tabelle Eine Tabelle, die von der Finanzverwaltung veröffentlicht wird und die Nutzungsdauer verschiedener Wirtschaftsgüter festlegt. Die AfA-Tabelle dient als Grundlage für die Berechnung der Abschreibung. Es gibt spezielle AfA-Tabellen für verschiedene Branchen und Wirtschaftszweige.

Anlage Sonstiges Ein Steuerformular, in dem zum Beispiel der Umgang mit Verlusten bei einer Vermietung angegeben wird.

Anlage V Ein Formular der Einkommenssteuererklärung, in dem Einkünfte aus Vermietung und Verpachtung angegeben werden. Vermieter müssen hier ihre Einnahmen und Werbungskosten eintragen. Die Anlage V ist notwendig, um die steuerliche Belastung durch Vermietungseinkünfte zu ermitteln.

Anlage V-FeWo Diese Anlage ist eine Ergänzung zur Anlage V. Hierin werden objektspezifische Angaben zu Urlaubsimmobilien eingetragen.

Anlage V-Sonstige Eine weitere Ergänzung zur Anlage V. Sie wird beispielsweise benötigt, wenn Sie Zimmer Ihrer Mietwohnung untervermieten oder unbebaute Grundstücke verpachten.

Anschaffungskosten Kosten, die beim Erwerb einer Immobilie anfallen, einschließlich Kaufpreis, Notarkosten, Grunderwerbssteuer und Maklergebühren. Diese Kosten sind Grundlage für die Berechnung der Abschreibung. Auch Nebenkosten wie Maklerprovisionen und Notarkosten zählen zu den Anschaffungskosten.

Anschaffungskostenprinzip Ein Grundsatz im Steuerrecht, der besagt, dass die Anschaffungskosten einer Immobilie die Basis für die Berechnung der Abschreibung bilden. Dieses Prinzip stellt sicher, dass nur tatsächlich angefallene Kosten berücksichtigt werden.

Anschaffungsnahe Herstellungskosten Kosten, die innerhalb der ersten drei Jahre nach dem Kauf einer Immobilie anfallen und 15 Prozent der Anschaffungskosten übersteigen. Diese Kosten müssen über die Nutzungsdauer der Immobilie abgeschrieben werden. Das kann zum Beispiel umfangreiche Renovierungen und Modernisierungen betreffen.

Balkonkraftwerk Eine kleine Photovoltaikanlage, die auf einem Balkon installiert wird und Strom für den eigenen Haushalt erzeugt. Balkonkraftwerke sind seit 2024 privilegierte Maßnahmen und dürfen von Mietern und Eigentümern installiert werden, sofern keine triftigen Gründe dagegensprechen.

Betriebskosten Kosten, die durch den Betrieb einer Immobilie entstehen und auf die Mieter umgelegt werden können. Dazu gehören unter anderem Heizkosten, Wasserkosten, Müllabfuhr und Hausmeisterdienste. Betriebskosten müssen im Mietvertrag klar definiert und abgerechnet werden.

Bodenrichtwert Ein durchschnittlicher Wert für den Quadratmeterpreis von unbebauten Grundstücken in einer bestimmten Region. Der Bodenrichtwert wird von den Gutachterausschüssen der

Bundesländer ermittelt und dient als Grundlage für die Aufteilung der Anschaffungskosten zwischen Grundstück und Gebäude.

Degressive Abschreibung Eine Methode der Abschreibung, bei der die Abschreibungsbeträge in den ersten Jahren höher sind und im Laufe der Zeit abnehmen. Diese Methode wurde zeitweise abgeschafft, aber durch das Wachstumschancengesetz wieder eingeführt, um Investitionen zu fördern.

Eigenbeleg Ein Eigenbeleg ist ein selbst erstellter Beleg, der verwendet wird, wenn kein anderer Nachweis für eine Ausgabe vorliegt. Er muss den Betrag, das Datum, den Zweck, den Empfänger und den Grund für den Eigenbeleg enthalten sowie die Unterschrift des Ausstellers. Eigenbelege sind nur in Ausnahmefällen zulässig, zum Beispiel für Trinkgelder oder verlorene Quittungen.

Einkünfte aus Vermietung und Verpachtung Eine der sieben Einkunftsarten im Einkommenssteuerrecht.

Energieberatung Eine qualifizierte Beratung durch zertifizierte Experten, die Eigentümern hilft, energetische Sanierungsmaßnahmen zu planen und umzusetzen. Die Kosten für eine Energieberatung können steuerlich abgesetzt werden, wenn sie im Zusammenhang mit der Vermietung einer Immobilie steht. Eine Energieberatung ist oft Voraussetzung für die Inanspruchnahme von Fördermitteln.

Erhaltungsaufwand Aufwendungen, die dazu dienen, die Immobilie in ihrem ursprünglichen Zustand zu erhalten oder wiederherzustellen. Diese Kosten können sofort als Werbungskosten abgezogen werden. Beispiele sind Reparaturen, Renovierungen und der Austausch von defekten Teilen.

Ferienwohnung Eine möblierte Immobilie, die an wechselnde Mieter für kurze Zeiträume (weniger als sechs Monate) vermietet wird. Die steuerliche Behandlung hängt davon ab, ob die Ferienwohnung ausschließlich vermietet oder auch selbst genutzt wird. Einnahmen aus der Vermietung von Ferienwohnungen unterliegen der Einkommenssteuer.

Fertigstellungsanzeige Ein Dokument, das den Abschluss aller Bauarbeiten an einer Immobilie bestätigt. Die Fertigstellungsanzeige ist wichtig für die behördliche Abnahme und den Beginn der Abschreibung. Sie wird in der Regel vom Bauunternehmen ausgestellt.

Finanzierungskosten Kosten, die durch die Finanzierung einer Immobilie entstehen, wie Bereitstellungsgebühren, Zinsen und Disagio. Solche Kosten können als Werbungskosten abgezogen werden, wenn sie im Zusammenhang mit der Vermietung der Immobilie stehen.

Fördermittel Finanzielle Unterstützung durch den Staat oder andere Institutionen, um Investitionen in Immobilien zu fördern. Fördermittel können Zuschüsse, zinsgünstige Kredite oder Steuervergünstigungen umfassen. Sie sollen Eigentümern helfen, energetische Sanierungen und Modernisierungen durchzuführen.

Fremdvergleich Ein Vergleich, der sicherstellt, dass Verträge zwischen nahestehenden Personen (zum Beispiel Angehörigen) zu Bedingungen abgeschlossen werden, die auch zwischen fremden Dritten üblich wären. Dies ist wichtig, um steuerliche Vorteile zu sichern. Der Fremdvergleich wird insbesondere bei der Vermietung an Angehörige angewendet.

Grund und Boden Grund und Boden können nicht abgeschrieben werden, da sie nicht an Wert verlieren. Bei der Anschaffung einer Immobilie müssen die Kosten für das Grundstück und das Gebäude getrennt ausgewiesen werden. Nur die Kosten für das Gebäude sind abschreibungsfähig. Die Aufteilung kann durch ein Gutachten oder anhand von Bodenrichtwerten erfolgen.

Grundbuchamt Eine Behörde, die für die Führung des Grundbuchs zuständig ist. Das Grundbuchamt erfasst alle Eigentumsverhältnisse und Belastungen von Grundstücken. Eintragungen im Grundbuch sind notwendig, um Eigentumsrechte rechtlich abzusichern.

Grunderwerbssteuer Die Grunderwerbssteuer ist eine Steuer, die beim Erwerb einer Immobilie anfällt. Sie wird auf den Kaufpreis der Immobilie erhoben und variiert je nach Bundesland. Die Grunderwerbssteuer gehört zu den Anschaffungskosten und kann nicht sofort als Werbungskosten abgezogen werden. Sie muss über die Nutzungsdauer der Immobilie abgeschrieben werden.

Grundfreibetrag Der Betrag des Einkommens, der steuerfrei bleibt. Der Grundfreibetrag wird jährlich angepasst und soll das Existenzminimum sichern. Für das Jahr 2025 beträgt der Grundfreibetrag 12 096 Euro pro Person.

Grundsteuer Eine jährlich anfallende Steuer, die auf den Besitz von Grundstücken und deren Bebauung erhoben wird. Die Grundsteuer kann als Werbungskosten abgezogen werden, wenn sie nicht auf die Mieter umgelegt wird. Die

Reform der Grundsteuer hat neue Bewertungsmodelle eingeführt, die ab 2025 gelten.

Herstellungskosten Kosten, die durch den Bau oder die wesentliche Verbesserung einer Immobilie entstehen. Diese müssen über die Nutzungsdauer der Immobilie abgeschrieben werden. Herstellungskosten umfassen auch Aufwendungen für Erweiterungen und Modernisierungen, die den Standard der Immobilie erhöhen.

Kaufpreisaufteilung Die Aufteilung des Kaufpreises einer Immobilie in den Wert des Grundstücks und den des Gebäudes. Diese Aufteilung ist notwendig, da nur der Gebäudewert abgeschrieben werden kann. Die Kaufpreisaufteilung kann durch ein Gutachten oder anhand von Bodenrichtwerten erfolgen.

Kleinunternehmerregelung Eine Regelung im Umsatzsteuerrecht, die es kleinen Unternehmen ermöglicht, von der Umsatzsteuerpflicht befreit zu werden, wenn ihr Umsatz bestimmte Grenzen nicht überschreitet. Die Kleinunternehmerregelung gilt auch für Vermieter, die nur geringe Mieteinnahmen erzielen.

Leerstand Der Zeitraum, in dem eine Immobilie nicht vermietet ist. Es gibt verschiedene Arten von Leerstand, wie kurzfristiger, objektspezifischer, spekulativer und struktureller Leerstand. Der Leerstand kann steuerlich relevant sein, wenn nachweislich Bemühungen zur Vermietung unternommen werden. Bei längerem Leerstand müssen Vermieter ihre Vermietungsabsicht nachweisen (siehe auch S. 64).

Liebhaberei Eine Tätigkeit, die überwiegend aus persönlichen oder privaten Motiven ausgeübt wird und bei der keine Gewinnerzielungsabsicht besteht. Verluste aus Liebhaberei sind steuerlich nicht abzugsfähig. Das Finanzamt prüft die Gewinnerzielungsabsicht, wenn über längere Zeit Verluste entstehen.

Lineare Abschreibung Die lineare Abschreibung verteilt die Anschaffungs- oder Herstellungskosten einer Immobilie gleichmäßig über die Nutzungsdauer. Dies bedeutet, dass jedes Jahr der gleiche Betrag abgeschrieben wird. Die lineare Abschreibung ist die gängigste Methode und wird für Gebäude, die nach dem 31. Dezember 2022 fertiggestellt wurden, mit einem Satz von 3 Prozent über 33 Jahre angewendet. Für ältere Gebäude gelten andere Sätze, zum Beispiel 2 Prozent für Gebäude, die zwischen 1925 und 2022 errichtet wurden.

Mietausfallversicherung Eine Versicherung, die Vermieter gegen den Ausfall von Mieteinnahmen absichert. Die Mietausfallversicherung greift, wenn Mieter zahlungsunfähig werden oder die Miete nicht zahlt. Die Versicherungsprämien für die Mietausfallversicherung können als Werbungskosten abgezogen werden.

Mietspiegel Eine Übersicht über die ortsüblichen Vergleichsmieten in einer Gemeinde oder Stadt. Der Mietspiegel dient als Orientierungshilfe für die Festlegung von Mietpreisen und wird regelmäßig aktualisiert. Er hilft Vermietern und Mietern, angemessene Mietpreise zu vereinbaren.

Modernisierung Maßnahmen zur Verbesserung der Energieeffizienz und des Wohnkomforts einer Immobilie, wie Austausch von Heizungsanlagen, Dämmung von Wänden und Dächern oder Einbau von Solaranlagen. Diese Maßnahmen können steuerlich gefördert werden. Modernisierungen können als Erhaltungsaufwand oder Herstellungskosten behandelt werden.

Objektspezifischer Leerstand Ein Leerstand, der auf spezifische Eigenschaften der Immobilie zurückzuführen ist, wie etwa eine schlechte Lage oder eine mangelnde Ausstattung. Objektspezifischer Leerstand kann steuerlich relevant sein, wenn nachweislich Bemühungen zur Vermietung unternommen werden. Das Finanzamt erkennt dann in aller Regel die zugehörigen Ausgaben an.

Photovoltaikanlage Eine Anlage zur Erzeugung von Strom aus Sonnenenergie. Die steuerliche Behandlung von Photovoltaikanlagen umfasst Befreiungen von der Einkommenssteuer und den Nullsteuersatz bei der Umsatzsteuer für bestimmte Anlagen. Die Einnahmen aus dem Betrieb von Photovoltaikanlagen können steuerfrei sein, wenn bestimmte Voraussetzungen erfüllt sind.

Sonderabschreibung Eine zusätzliche Abschreibungsmöglichkeit für Neubauprojekte, die unter bestimmten Bedingungen gewährt wird, um Investitionen in den Wohnungsbau zu fördern. Die Sonderabschreibung kann zusätzlich zur normalen Abschreibung in Anspruch genommen werden und erhöht die steuerliche Entlastung in den ersten Jahren nach dem Kauf oder Bau einer Immobilie.

Spekulationsfrist Die Spekulationsfrist bezeichnet den Zeitraum, innerhalb dessen der Verkauf einer Immobilie steuerpflichtig ist. Wenn zwischen Kauf und Verkauf weniger als zehn Jahre liegen, unterliegen Gewinne aus dem Verkauf der Einkommenssteuer. Die Spekulationssteuer entfällt, wenn die Immobilie selbst genutzt wurde oder die Zehnjahresfrist abgelaufen ist.

Standardsprung Ein Standardsprung bezeichnet eine wesentliche Verbesserung des Wohnstandards durch Modernisierungsmaßnahmen. Wenn durch die Maßnahmen der Standard der Immobilie erheblich erhöht wird, handelt es sich um Herstellungskosten, die über die Nutzungsdauer abgeschrieben werden müssen. Beispiele für einen Standardsprung sind der Einbau moderner Heizungsanlagen oder luxuriöser Sanitärinstallationen.

Struktureller Leerstand Ein Leerstand, der auf strukturelle Probleme des Immobilienmarkts zurückzuführen ist, wie Überangebot oder wirtschaftliche Schwäche der Region. Struktureller Leerstand kann steuerlich relevant sein, wenn nachweislich Bemühungen zur Vermietung unternommen werden. Das Finanzamt erkennt dann in aller Regel die zugehörigen Ausgaben an.

Totalüberschussprognose Eine langfristige Prognose über 30 Jahre, die zeigt, ob mit der Vermietung einer Immobilie insgesamt ein Gewinn erzielt wird. Diese Prognose ist notwendig, um die Einkünfteerzielungsabsicht nachzuweisen, insbesondere bei verbilligter Vermietung an Angehörige. Die Totalüberschussprognose berücksichtigt alle Einnahmen und Ausgaben im Zusammenhang mit der Immobilie.

Untervermietung Die zeitweise Vermietung der eigenen Wohnung oder eines Teils davon an Dritte. Dies kann steuerliche und rechtliche Herausforderungen mit sich bringen, insbesondere wenn die Wohnung an Touristen vermietet wird. Einnahmen aus der Untervermietung müssen in der Steuererklärung angegeben werden.

Verkehrswert Der Marktwert einer Immobilie, der durch den Preis bestimmt wird, der im gewöhnlichen Geschäftsverkehr erzielt werden kann. Der Verkehrswert wird häufig bei der Kaufpreisaufteilung und der Berechnung der Abschreibung verwendet.

Verlustabzug Die Möglichkeit, Verluste aus der Vermietung mit anderen Einkünften zu verrechnen, um die Steuerlast zu senken. Verluste können auch in die Vorjahre zurückgetragen oder in die Folgejahre vorgetragen werden. Der Verlustabzug ist besonders relevant, wenn in den ersten Jahren nach dem Kauf oder Bau einer Immobilie hohe Ausgaben anfallen.

Verpflegungspauschbetrag Der Verpflegungspauschbetrag ist ein steuerlicher Pauschalbetrag, der für Verpflegungsmehraufwendungen bei beruflich bedingten Reisen angesetzt werden kann. Verpflegungspauschbeträge können im Zusammenhang mit steuerlich relevanten Einkünften auch von Vermietern angesetzt werden. Die Höhe des Pauschbetrags hängt von der Abwesenheitsdauer ab. Bei Abwesenheit von mehr als 24 Stunden beträgt der Pauschbetrag 28 Euro/Tag, bei einer Abwesenheit von mehr als 8 Stunden 14 Euro/Tag.

Verwaltungskosten Kosten, die durch die Verwaltung einer Immobilie entstehen, wie Gebühren für Hausverwaltungen, Kosten für Korrespondenz und Telefonate mit Mietern. Sie können als Werbungskosten abgezogen werden.

Wärmeplanungsgesetz Ein Gesetz, das Städte und Gemeinden verpflichtet, eine kommunale Wärmeplanung zu erstellen. Ziel ist es, Eigentümern die Möglichkeit zu geben, die Immobilie an ein Wärmenetz anzuschließen. Die kommunale Wärmeplanung soll die Wärmewende in Deutschland beschleunigen.

Werbungskosten Alle Ausgaben, die im Zusammenhang mit der Vermietung einer Immobilie stehen und dazu dienen, Einnahmen zu erzielen, zu sichern oder zu erhalten.

Wertermittlung Die Bewertung einer Immobilie, um ihren Marktwert zu bestimmen. Die Wertermittlung kann durch verschiedene Verfahren erfolgen, wie das Vergleichswertverfahren, das Ertragswertverfahren oder das Sachwertverfahren. Sie ist wichtig für Kaufpreisverhandlungen und die Berechnung der Abschreibung.

Zinsaufwand Die Kosten, die durch die Aufnahme eines Darlehens entstehen, wie Zinsen und Bereitstellungsgebühren. Zinsaufwand kann als Werbungskosten abgezogen werden, wenn das Darlehen zur Finanzierung einer vermieteten Immobilie verwendet wird.

Zufluss-/Abfluss-Prinzip Einnahmen und Ausgaben werden in dem Jahr steuerlich berücksichtigt, in dem sie tatsächlich zugeflossen oder abgeflossen sind. Dies ermöglicht eine gewisse steuerliche Gestaltung. Das Zufluss-/Abfluss-Prinzip ist besonders relevant für die zeitliche Zuordnung von Einnahmen und Ausgaben.

Zweckentfremdungsverbot Das Zweckentfremdungsverbot ist eine gesetzliche Regelung, die die Umnutzung von Wohnraum zu anderen Zwecken, wie zum Beispiel Ferienwohnungen, einschränkt. Es soll den Wohnungsmarkt entlasten und sicherstellen, dass ausreichend Wohnraum zur Verfügung steht. Verstöße gegen das Zweckentfremdungsverbot können mit hohen Bußgeldern geahndet werden.

Register

A

Abschreibung (AfA) 9, 10, 11, 21, 96
–, degressive 10, 24, 25, 36, 97
– Ferienimmobilie 80
–, lineare 10, 24, 80, 98
– Werbungskosten 52
– Zeitraum 24
Abschreibungsmethoden 10
Abschreibungssatz 10, 96
Absetzung für außergewöhnliche Abnutzung (AfaA) 96
AfA-Tabelle 96
– Gastgewerbe 82, 143
Airbnb 91
Altersvorsorge, Ferienimmobilie 78
Angehörige, Mietvertrag 69, 70
Anlage Sonstiges 58, 96, 118
Anlage V 12, 96, 106
Anlage V-FeWo 83, 96, 114
Anlage V-Sonstige 91, 96, 118
Anschaffungskosten 29, 96
– Ferienimmobilie 80
Anschaffungskostenprinzip 96
Anschaffungsnahe Herstellungskosten 56, 96
Anschaffungspreis 21
Arbeitshilfe Kaufpreisaufteilung 23
Arbeitszimmer 51
Ausfüllhilfe Sonderabschreibung 36
Ausgaben, Ferienimmobilie 80, 81
Ausland, Ferienimmobilie 79

B

Balkonkraftwerk 74, 96
Bauherr, Herstellungskosten 29
Baujahr 10
Baukosten 21
Baukostenzuschüsse 8, 45
Bausparzinsen, Einnahmen 45
Bauträger, Anschaffungskosten 29
BEG–EM, Bundesförderung 72
Belege, Werbungskosten 49
Bemessungsgrundlage, Sonderabschreibung 35
Beratung 9
Betriebskosten 96
Bodenrichtwert 22, 23, 96
Bodenwert 22, 23
BORIS-D, Bodenrichtwert 22
Büroumbau, Wohnung 54

D

Darlehen 21
Degressive AfA 24, 25, 97
– Sonderabschreibung 36
Dokumentation, Werbungskosten 48
Doppelbesteuerungsabkommen (DBA) 92
Drei-Jahres-Frist, anschaffungsnahe Herstellungskosten 56
Drei-Jahres-Zeitraum, Planung 57
Drei-Objekt-Grenze, Verkauf 41

E

Effizienzhaus 40 34, 74
Eigenbeleg 97
– erstellen 49, 135
Einkommenssteuer 8, 44, 59
Einkünfte aus Vermietung und Verpachtung 8, 97
Einkünfte, Definition 44
Einkünfteerzielungsabsicht
–, fehlende 68
– Ferienimmobilie 79, 88
Einkunftsarten 44
Einnahmen versteuern 8, 108
– Ferienwohnung 78
Einrichtungsgegenstand 44
Elektronische Großgeräte 81
ELSTER 12, 13, 105
– Photovoltaik 75
Energieberatung 74, 97
Erbbaurecht, Vermietung 44
Erbschaft, Schenkung 22, 57
E-Rechnung erstellen 87
Erhaltungsaufwand 9, 53, 97
– energetische Maßnahmen 73
–, vereinfachter 56
Ertragswertverfahren 24
Erweiterungen 9

F

Fahrtkosten 9, 50
Ferienimmobilie/-wohnung 8, 97
– Ausgaben 80, 81
– Ausland 79
– ausschließliche Vermietung 79, 82
– Ausstattung 78
– Eigennutzung 78, 88
– Einnahmen 78
– Einrichtungsgegenstände 81
–, gemischt genutzte 88
– Gewerbe 83
– Lage 78
– Leerstand 79
– Rechnung erstellen 85
– Selbstnutzung 78, 88
– Verwaltung 79
– Werbungskosten 81
Fertigstellungsanzeige 97
Finanzierungskosten 9, 49, 97
Förderfähige Neubauten 34
Fördergelder, Einnahmen 45
Förderkredit 74
Fördermittel 72, 74 97
Formulare 103
Fremdvergleich 97

G

Garage vermieten 8, 32
– Umsatzsteuer 33
Gastgewerbe, AfA-Tabelle 82, 143
Gebäudeteile, Vermietung 44
Gebrauchsfähigkeit, Abschreibung 24
GEG-Novelle 74
Geschäfts-/Büroräume, verbilligte 71
Gewerbe 8
Gewerbesteuer, Immobilienhandel 41
Grund und Boden, Definition 97
Grundbuchamt 97
Grunderwerbssteuer 97
Grundförderung, Sanierung 72
Grundfreibetrag 97

Grundsteuer 9, 37, 38, 64, 97
Grundstücke, Vermietung 44, 118
Gutachten, Verkehrswert 22

H, I

Handwerkerkosten 53
Haupt-/Nebensaison 80
Heizungssanierung 72, 73
Herstellungskosten 9, 10, 29, 30, 56, 98
–, anschaffungsnahe 10, 56
Homeoffice-Pauschale 51
Immobilie
– Erbschaft/Schenkung 22, 57
– Geldanlage 20
– verkaufen 40
Instandhaltung 9, 68

K

Kaufpreisaufteilung 21, 22, 23, 98
Kaution 8, 46
Keller, Vermietung 44
KfW, Förderung 72
Kleinunternehmerregelung 33, 98
– Ferienimmobilie 84
Kredite, Werbungskosten 49
Kreditkartenzahlungen planen 47

L

Lagerräume, Vermietung 44
Leerstand 98
– gemischte Nutzung 88
–, struktureller 65
–, vorübergehender 64
Liebhaberei 66, 67, 82, 94, 98
Lineare Abschreibung (AfA) 24, 98
– Ferienimmobilie 80
Luxusimmobilie 68

M

Mehrfamilienhaus, Förderung 72
Mietausfallversicherung 98
Mietspiegel 98
Mietverträge, gewerbliche 33
Mietzahlungen 44
Mobilfunkantenne, Vermietung 44
Möblierte Wohnung 45
Modernisierung 9, 10, 98

N, O

Nachhaltigkeit, Förderung 72
Nebenkosten, laufende 52
Nebenkostenvorauszahlung 8, 45
Neubauprojekte 11
– Sonderabschreibung 34
Objektspezifischer Leerstand 98
Ortsübliche Marktmiete 69

P, Q, R

Photovoltaikanlage 75, 98
Progressionsvorbehalt, Ferienimmobilie 92
Qualitätssiegel Nachhaltiges Gebäude (QNG) 34
Rechnung ausstellen 85, 141
– E-Rechnung 87
Renovierung/Reparaturen 9, 10

S

Sachwertverfahren 24
Sanierungen, energetische 11
Schätzungsankündigung 38
Software 9
Solaranlagen, Förderung 74
Sonderabschreibung 11, 98, 128
– degressive AfA 28
– Neubauprojekte 34
– Wohnfläche 35
Spekulationsfrist 98
Standardsprung 54, 99
Stellplatz vermieten 8, 32
Steuer, gemischte Beratung 52
Steuererklärung 12, 13, 46, 105
Steuerhinterziehung, Airbnb 91
Steuerrecht, ausländisches 92
Strategien, vorübergehender Leerstand 65
Struktureller Leerstand 99

T, U

Totalüberschuss, Ferienimmobilie 83
Totalüberschussprognose 66, 99
Überschuss, Definition 44
Überschussprognose, Ferienimmobilie 83
Umsatzsteuer 9, 75, 84, 85
Untervermietung 90, 99, 118

V

Veräußerungsgewinn
– Ratenzahlung 41
– Steuer 41
Veräußerungsverlust, Steuer 41
Vergleichswertverfahren 24
Verkaufserlös, Immobilie 41
Verkehrswert 22, 23, 99
Verlustabzug/-vortrag 10, 58, 99
Verluste 10, 58, 122
Vermieterverbände 9
Vermietung
– an Angehörige 69
– an Arbeitgeber 71
–, gewerbliche 8
–, private 8
Vermietungsabsicht, Werbungskosten 48
Vermietungsbemühungen, Ferienimmobilie 82
Verpflegungspauschbetrag 50, 99
Versicherungsbeiträge 9, 46
Verwaltungskosten 9, 81, 99

W

Wachstumschancengesetz 28
Wärmeplanungsgesetz 99
Wärmepumpe, Erhaltungsaufwand 73
Werbungskosten 9, 21, 44, 46, 51, 99, 108
– Ferienimmobilie/-wohnung 78, 81
– Untervermietung 91
–, vorweggenommene 48
Wertermittlung 99
Wohnung, möblierte 8

Z

Zehnjahresfrist, Immobilienverkauf 40
Zinsaufwand 99
Zufluss-/Abfluss-Prinzip 11, 46, 47, 49, 99
Zweckentfremdungsverbot 99
Zweitwohnsitzsteuer, bei Selbstnutzung 89

Unser Umweltversprechen

Wir haben für den Innenteil dieses Buchs 100% Recyclingpapier verwendet.

Stiftung Warentest druckt ausschließlich in Deutschland, weil hier hohe Umweltstandards gelten und kurze Transportwege für geringe CO_2-Emissionen sorgen.

Auch die Weiterverarbeitung erfolgt ausschließlich in Deutschland.

Constanze Elter arbeitet als Steuerjournalistin, Moderatorin und Podcasterin und hat bereits mehrere Bücher veröffentlicht. Für ihre Arbeit als Steuerjournalistin wurde sie mit dem Journalistenpreis des Bundes der Steuerzahler ausgezeichnet.

Die Stiftung Warentest wurde 1964 auf Beschluss des Deutschen Bundestages gegründet, um dem Verbraucher durch vergleichende Tests von Waren und Dienstleistungen eine unabhängige und objektive Unterstützung zu bieten. Mehr zu unserem Qualitätsanspruch und viele weitere Bücher finden Sie unter www.test.de.

Stiftung Warentest

Stiftung Warentest
Lützowplatz 11–13
10785 Berlin
www.test.de
email@stiftung-warentest.de

USt-IdNr.: DE136725570

Vorständin: Julia Bönisch

Programmleitung: Niclas Dewitz
Autorin: Constanze Elter
Projektleitung: Ursula Rieth
Lektorat: Heike Plank
Korrektorat: Christoph Nettersheim
Fachliche Beratung: Sabine Radecki, zertifizierte Beraterin für Immobilienbesteuerung, Frankfurt am Main
Titelentwurf: Christian Königsmann
Layout: Martina Römer, Daniela Greven, Christian Königsmann
Grafik, Satz: Florian Brendel, Berlin
Infografiken: Florian Brendel, Berlin, René Reichelt, S. 26/27
Bildnachweis: gettyimages (Titel)
Produktion: Christian Königsmann
Verlagsherstellung: Rita Brosius (Ltg.), Romy Alig, Susanne Beeh
Litho: tiff.any, Berlin
Druck: westermann DRUCK | pva, Braunschweig

Bei Fragen zur Sicherheit dieses Produkts wenden Sie sich bitte an: gpsr@stiftung-warentest.de

ISBN: 978-3-7471-0883-3

Service
Alle Formulare können Sie auch kostenlos herunterladen unter **test.de/formulare-steuer-vermieter**

Tipps zum Herunterladen der Formulare:
Geben Sie den Link direkt in die Adresszeile des Browsers ein. Wer den Link bei Google eingibt, findet die Formulare nicht. Speichern Sie die Datei vor dem Öffnen und nutzen Sie den Adobe Reader, um die Formulare auszufüllen.

Formulare
zum Heraustrennen

105 Step by step durch die Steuererklärung

106 Ausfüllhilfe Anlage V

114 Ausfüllhilfe Anlage V-FeWo

118 Ausfüllhilfe Anlage V-Sonstige

122 Ausfüllhilfe Anlage Sonstiges

125 Herstellungs- und Anschaffungskosten

128 Ausfüllhilfe Sonderabschreibung nach §7b EStG

135 Eigenbeleg

137 Reisekostenabrechnung

139 Checkliste Werbungskosten

141 Rechnungsvorlage

143 AfA-Tabelle für den Wirtschaftszweig „Gastgewerbe" (Auszug)

Step by step durch die Steuererklärung

Wer vermietet, ist verpflichtet, jährlich eine digitale Steuererklärung abzugeben. Für die Einkünfte aus Vermietung und Verpachtung gibt es drei Formulare: Anlage V, Anlage V-FeWo und Anlage V-Sonstige. Man benötigt aber nicht alle Vordrucke.

1 Zugang zu ELSTER

Entscheidend ist, dass Sie über einen Zugang zum elektronischen Portal des Finanzamts verfügen und dort bereits ein Benutzerkonto erstellt haben (siehe dazu „ELSTER: Steuererklärung voll digital" ab S. 13).

2 Bei ELSTER einloggen

Zunächst loggen Sie sich in Ihr ELSTER-Konto ein, indem Sie die Zertifikatsdatei auf Ihrem Computer öffnen und das von Ihnen gewählte zugehörige Passwort eingeben. Dann gelangen Sie auf Ihre Übersicht „Mein ELSTER", wo Sie unter anderem Ihre hochgeladenen Belege, verschickte Formulare und Nachrichten des Finanzamts sehen.

3 Formular und Kalenderjahr wählen

Wählen Sie nun im Menü „Formulare & Leistungen" den Punkt „Alle Formulare" aus; dort finden Sie unter dem Reiter „Einkommensteuer" die Einkommenssteuererklärung. Im nächsten Schritt können Sie das betreffende Kalenderjahr auswählen, zum Beispiel 2024. Wenn Sie bereits mit ELSTER gearbeitet haben, können Sie nun aus früheren Abgaben Daten übernehmen. Wenn Sie die Daten selbst eintragen wollen oder zum ersten Mal ELSTER für die Steuererklärung nutzen, tragen Sie in den nächsten Feldern Ihren Namen und Ihre Identifikationsnummer (nicht die Steuernummer!) ein.

Danach können Sie die Formulare wählen, die Sie für Ihre Steuererklärung benötigen – zum Beispiel die Anlage V für Einkünfte aus Vermietung und Verpachtung, die Anlage V-FeWo für Einkünfte aus Vermietung und Verpachtung von Ferienwohnungen und kurzfristigen Vermietungen sowie die Anlage V-Sonstige für weitere Einkünfte aus Vermietung und Verpachtung. In der Anlage V-Sonstige tragen Sie beispielsweise Einkünfte aus Untervermietung von gemieteten Räumen ein oder auch die Verpachtung von unbebauten Grundstücken. Die Anlage Sonstiges benötigen Sie, wenn Sie einen Verlust aus Ihrer Vermietung geltend machen wollen.

4 Termine und Fristen

Achtung: Für die Steuerjahre 2022 und 2023 galt eine verlängerte Abgabefrist für die Steuererklärung. Ab 2024 greifen wieder die regulären Fristen. Das heißt: Erledigen Sie Ihre Steuererklärung selbst, müssen Sie die Daten für das Jahr 2024 bis zum 31. Juli 2025 ans Finanzamt übermitteln. Werden Sie durch eine Steuerkanzlei unterstützt, hat diese Zeit bis zum 30. April 2026 für die Steuererklärung 2024. Im Einzelfall können Fristverlängerungen beantragt werden.

Im Folgenden erläutern wir Ihnen Schritt für Schritt, welche Angaben Sie in den Vordrucken eintragen müssen. Die Formulare, die Sie sehen, beziehen sich auf das Steuerjahr 2024. Bitte beachten Sie, dass sich die Nummerierung der jeweiligen Zeilen in anderen Jahren ändern kann, gegebenenfalls kommen neue Zeilen hinzu. Nutzen Sie dann zusätzlich die Anleitung der Finanzverwaltung, um die Formulare auszufüllen.

Ausfüllhilfe Anlage V

Wenn Sie privat Immobilien vermieten, sind Sie verpflichtet, in Ihrer jährlichen Steuererklärung die Anlage V abzugeben. Die Anlage V müssen Sie aber auch ausfüllen, wenn Sie ein Haus oder eine Wohnung kaufen oder bauen und anschließend vermieten wollen – oder aber, wenn Sie vergeblich nach einem Mieter gesucht haben. Nur so können Sie Ihre Ausgaben dafür geltend machen.

Wenn Sie über mehrere Objekte verfügen, müssen Sie für jedes eine eigene Anlage V abgeben. Dies gilt aber nur, wenn es sich um verschiedene Grundstücke handelt. Vermieten Sie mehrere Wohnungen in ein und demselben Haus, können Sie die Einnahmen und Ausgaben in der selben Anlage V angeben. Ihre Einkünfte werden dort prinzipiell nach folgendem Schema berechnet:
Mieteinnahmen (zum Beispiel Miete, Nebenkostenvorauszahlungen)
minus Werbungskosten (zum Beispiel jährliche Abschreibungen, Renovierungskosten, Zinsen)
= Einkünfte aus Vermietung und Verpachtung
Ein positives Ergebnis stellt einen Gewinn dar. Daraus folgt eine Steuerzahlung.
Ein negatives Ergebnis ist ein Verlust. Diesen können Sie verrechnen oder in ein anderes Jahr abtragen. Daraus folgt eine Steuerersparnis.
Wir gehen nun Zeile für Zeile durch die Anlage V.

Allgemeine Angaben

Im ersten Teil der Anlage tragen Sie Ihre persönlichen Daten ein und machen allgemeine Angaben zu Ihrer Immobilie.
Zeile 1–3: Hier geben Sie Ihren Namen und Ihre Steuernummer an. Wenn Sie steuerlich gemeinsam mit Ihrem Ehepartner veranlagt werden, tragen Sie hier nur den Namen des Eigentümers ein.
1.1 Lage des Grundstücks/der Eigentumswohnung
Zeile 4–8: Hier gehört die Adresse Ihres Grundstücks hin. In **Zeile 6** tragen Sie das Aktenzeichen ein, das auf Ihrem Grundsteuermessbescheid steht.
In **Zeile 7** werden Sie nach dem Zeitpunkt der Anschaffung beziehungsweise Fertigstellung gefragt. Wenn Sie die Immobilie gekauft haben, tragen Sie als Anschaffungsdatum den Termin des Übergangs von Nutzen, Lasten und der Gefahr des zufälligen Untergangs ein. Diesen finden Sie in Ihrem Kaufvertrag. Haben Sie gebaut, müssen Sie das Datum der Fertigstellung angeben – damit ist die Bezugsfertigkeit des Objekts gemeint.
Zeile 8: Seit Herbst 2024 erhalten alle Freiberufler, Selbstständige und andere Unternehmer eine Wirtschafts-Identifikationsnummer. Sollten Sie selbstständig tätig sein, tragen Sie in Zeile 8 diese Nummer ein.
Zeile 9: Hier geht es darum, wie Ihre Immobilie genutzt wird. Sie müssen diese Zeile auf jeden Fall ausfüllen, auch wenn die angegebenen Nutzungsarten bei Ihnen nicht zutreffen – dann geben Sie in dem jeweiligen Kästchen eine „2“ für „Nein“ an. Wenn Sie eine Nutzung als Ferienwohnung oder eine kurzfristige Vermietung hier bejahen, müssen Sie zusätzlich die Anlage V-FeWo einreichen (siehe S. 114). Wenn Sie bei der Option „an Angehörige zu Wohnzwecken vermietet“ eine „1“ für „ja“ eintragen, prüft das Finanzamt, ob Ihre Vermietung dem Fremdvergleich standhält und ob Sie die entsprechenden Werbungskosten geltend machen können (siehe Kapitel 3, ab S. 48).

1 Name / Gemeinschaft / Gesellschaft

2 Vorname

3 **Steuernummer** lfd. Nr. der Anlage

Anlage V

☐ zur Einkommensteuererklärung

☐ zur Feststellungserklärung

Diese Anlage ist bei Zusammenveranlagung von Ehegatten / Lebenspartnern gemeinsam auszufüllen.

Einkünfte aus Vermietung/Verpachtung bebauter Grundstücke

Allgemeine Angaben

25

Lage des Grundstücks / der Eigentumswohnung

4 Straße, Hausnummer

5 Postleitzahl Ort

6 00 Aktenzeichen laut Grundsteuermessbescheid (ohne Sonderzeichen) – bisher Einheitswert-Aktenzeichen –

7 Angeschafft am T T M M J J J J Fertig gestellt am T T M M J J J J Veräußert / Übertragen am 53 T T M M J J J J

8 Wirtschafts-Identifikationsnummer D E -

Das in Zeile 4 bezeichnete Objekt wird ganz oder teilweise

9 als Ferienwohnung genutzt 61 (1 = Ja, 2 = Nein) kurzfristig vermietet 63 (1 = Ja, 2 = Nein) an Angehörige zu Wohnzwecken vermietet 62 (1 = Ja, 2 = Nein)

– Bei Nutzung als Ferienwohnung oder bei kurzfristiger Vermietung ist zusätzlich die **Anlage V-FeWo** zu übermitteln. –

10 Gesamtwohnfläche (in m²) 54

11 in Zeile 10 enthaltener eigengenutzter oder unentgeltlich an Dritte überlassener Wohnraum (in m²) 55

12 in Zeile 10 enthaltener als Ferienwohnung genutzter Wohnraum (in m²) 56

Einnahmen

(Bei ausländischen Einkünften: **Anlage AUS** beachten)

Mieteinnahmen für Wohnungen (ohne Umlagen / ohne Umsatzsteuer)

13 Bezeichnung der Wohneinheit (z. B. Stockwerk, Nummer der Wohnung) Wohnfläche (in m²) EUR ,—

14 Bezeichnung weiterer Wohneinheiten (z. B. Stockwerk, Nummer der Wohnung) Wohnfläche (in m²) + ,—

15 Summe 01 = ,—

Einnahmen für andere Räume (ohne Umlagen / ohne Umsatzsteuer)

16 Bezeichnung der Einheit (z. B. Stockwerk, Nummer der Einheit) Nutzfläche (in m²) ,—

17 Bezeichnung weiterer Einheiten (z. B. Stockwerk, Nummer der Einheit) Nutzfläche (in m²) + ,—

18 Summe 02 = ,—

Einnahmen für an Angehörige vermietete Wohnungen (ohne Umlagen / ohne Umsatzsteuer)

19 Bezeichnung der Wohneinheit (z. B. Stockwerk, Nummer der Wohnung) Wohnfläche (in m²) 03 ,—

Einnahmen aus umgelegten Neben- / Betriebskosten (z. B. Wasser, Allgemeinstrom, Müllabfuhr, Zentralheizung)

EUR

20 auf die Zeilen 15 und 18 entfallende laufende Neben- / Betriebskosten 04 ,—

21 auf die Zeilen 15 und 18 entfallende und im Jahr 2024 erhaltene Nachzahlungen / geleistete Erstattungen (negativen Betrag mit vorangestelltem Minuszeichen eintragen) 11 ,—

22 auf Zeile 19 entfallende laufende Neben- / Betriebskosten 05 ,—

23 auf Zeile 19 entfallende und im Jahr 2024 erhaltene Nachzahlungen / geleistete Erstattungen (negativen Betrag mit vorangestelltem Minuszeichen eintragen) 12 ,—

24 Neben- / Betriebskosten wurden nicht gesondert vereinbart. 13 1 = Ja

Zeile 10–12: In diesen Zeilen geben Sie die komplette Wohnfläche Ihrer Immobilie an. Sollte ein Teil davon als Ferienwohnung genutzt werden, tragen Sie diese Fläche separat in **Zeile 12** ein.

Einnahmen

Zeile 13–32: In diesem Teil der Anlage V dreht sich alles um Ihre Mieteinnahmen. Zunächst müssen Sie Ihre Einnahmen getrennt nach Wohnungen eintragen; Sie haben beispielsweise die Möglichkeit, diese nach Stockwerk oder Nummer zu unterscheiden. Außerdem schreiben Sie die jeweilige Wohnfläche dazu (**Zeile 13 und 14**). Wenn Sie eine Wohnung an Angehörige vermietet haben, gehören die Einnahmen in die **Zeile 19**. Wichtig: Ihre Mieteinnahmen in diesen Zeilen sind ohne Umlagen und Umsatzsteuer anzugeben.

Ein Beispiel: Sie besitzen zwei Eigentumswohnungen in einem Mehrfamilienhaus in Nürnberg, eine kleinere, 50-m^2-Wohnung mit zwei Zimmern im Hochparterre sowie eine Vier-Zimmer-Wohnung im zweiten Stock, die 105 m^2 groß ist. Die kleine Wohnung ist für 700 Euro pro Monat vermietet, die Kaltmiete beträgt 600 Euro. Für die größere Wohnung bekommen Sie jeden Monat 1580 Euro Miete gezahlt, 300 Euro davon entfallen auf die Nebenkosten.

Sie tragen also folgende Daten in die Anlage V in **Zeile 13** ein: (1) Wohnung Hochparterre, 50 m^2, 7200 Euro; (2) Wohnung zweiter Stock 105 m^2, 15360 Euro

Auf der Anlage V ist bei den Wohneinheiten lediglich Platz für zwei Wohnungen. Wenn Sie mehr Einheiten im selben Gebäude vermietet haben, fassen Sie die Einnahmen zusammen und erläutern die Einnahmen in einer separaten Aufstellung.

Falls Sie Gewerbeflächen, Praxisräume oder Lager vermieten, erfassen Sie die Einnahmen in den **Zeilen 16 und 17.**

In den **Zeilen 20 bis 24** geht es nun um die Neben- und Betriebskosten, die Sie auf Ihre Mieterinnen und Mieter umgelegt haben. Hier müssen Sie unterscheiden, ob es sich um Vorauszahlungen der Mieter handelt, die das laufende Jahr betreffen (**Zeile 20**), oder aber um Nachzahlungen beziehungsweise Erstattungen (**Zeile 21**).

Separat einzutragen sind laufende Umlagen von Angehörigen (**Zeile 22**) sowie Erstattungen oder Nachzahlungen von Angehörigen (**Zeile 23**).

Hin und wieder kommt es vor, dass Vermieter sich mit ihren Mietern darauf verständigen, eine pauschale Summe zusätzlich zur Kaltmiete zu vereinbaren, und zwar unabhängig von den tatsächlichen Kosten. Damit entfallen auch die jährlichen Abrechnungen. Sollten Sie eine solche Regelung mit Ihren Mietern getroffen haben, tragen Sie in **Zeile 24** eine „1“ ein.

In **Zeile 25** geht es mit möglichen Sonderzahlungen weiter – zum Beispiel mit Mietnachzahlungen, die Sie im betreffenden Jahr erhalten haben. Auch den Teil der Mietkaution, den Sie mit fälligen Nebenkosten oder notwendigen Reparaturen verrechnen, tragen Sie hier als Einnahme ein. Denken Sie in solchen Fällen daran, die Ihnen entstandenen Kosten beispielsweise für die Beseitigung eines Schadens weiter unten bei Ihren Werbungskosten geltend zu machen. Mieteinnahmen für eine Garage gehören in **Zeile 26**.

Sollten Sie umsatzsteuerpflichtig sein, müssen Sie die Umsatzsteuer, die Sie auf Ihre Miete aufgeschlagen haben, in **Zeile 27** der Anlage V eintragen; Umsatzsteuer-Erstattungen des Finanzamts erfassen Sie in **Zeile 28**. Umsatzsteuer, die Sie ans Finanzamt gezahlt haben, tragen Sie in **Zeile 79** ein.

Mögliche öffentliche Zuschüsse beispielsweise für sozialen Wohnungsbau müssen Sie ebenso wie Guthabenzinsen aus Bausparverträgen in **Zeile 29** eintragen.

Die Summe Ihrer Einnahmen sehen Sie dann in **Zeile 32**.

Werbungskosten

Kommen wir nun zu Ihren Ausgaben – also allen Kosten, die im Zusammenhang mit Ihrer Vermietung stehen. Dazu zählen auch vorweggenommene und nachträgliche Werbungskosten:

Sonstige Einnahmen

Zeile		Kz	EUR
25	Vereinnahmte Mieten für frühere Jahre / verrechnete Mietkautionen / auf das Kalenderjahr entfallende Mietvorauszahlungen aus Baukostenzuschüssen	06	,–
26	Einnahmen aus Vermietung von Garagen, Werbeflächen, Grund und Boden für Kioske usw.	07	,–
27	Vereinnahmte Umsatzsteuer	09	,–
28	Vom Finanzamt erstattete und ggf. verrechnete Umsatzsteuer	10	,–
29	Öffentliche Zuschüsse nach dem Wohnraumförderungsgesetz oder zu Erhaltungsaufwendungen, Aufwendungszuschüsse, Guthabenzinsen aus Bausparverträgen und sonstige Einnahmen		,–
30	davon entfallen auf eigengenutzte oder unentgeltlich an Dritte überlassene Wohnungen laut Zeile 11	–	,–
31	Ergebnis der Zeilen 29 und 30	08 =	,–
32	Summe der Einnahmen aus den Zeilen 15, 18 bis 28 und 31		,–

Werbungskosten

Bitte füllen Sie die Zeilen zu den **verhältnismäßig zugeordneten Werbungskosten** nur aus, wenn die Aufwendungen für das Gebäude nur **teilweise** Werbungskosten sind (siehe Anleitung zu den Zeilen 33 bis 84).
Im Falle einer **verbilligten Vermietung zu Wohnzwecken** tragen Sie bitte die **Aufwendungen** in die Zeilen 33 bis 84 **in voller Höhe** ein. Hinsichtlich der vorzunehmenden **Kürzung der Werbungskosten** nutzen Sie bitte **ausschließlich die Zeilen 87 und 88** (siehe Anleitung zu den Zeilen 33 bis 84 sowie 87 und 88).

Absetzung für Abnutzung für Gebäude (ohne Beträge in den Zeilen 36 bis 41)

durch direkte Zuordnung ermittelt

33 [ ] 1 = linear / 2 = degressiv — [ ] , [ ] % — [ ] 1 = wie Vorjahr / 2 = laut Erläuterung — EUR ,–

durch verhältnismäßige Zuordnung ermittelt

34 [ ] 1 = linear / 2 = degressiv — [ ] , [ ] % — [ ] 1 = wie Vorjahr / 2 = laut Erläuterung — Gesamtbetrag in EUR, Ct [,] — abzugsfähiger Anteil (in %) [ ] — + ,–

35 Abzugsfähige Werbungskosten 30 = ,–

Sonderabschreibung für Mietwohnungsneubau nach § 7b EStG

durch direkte Zuordnung ermittelt

36 [ ] 1 = wie Vorjahr / 2 = laut Erläuterung — EUR ,–

durch verhältnismäßige Zuordnung ermittelt

37 [ ] 1 = wie Vorjahr / 2 = laut Erläuterung — Gesamtbetrag in EUR, Ct [,] — abzugsfähiger Anteil (in %) [ ] — + ,–

38 Abzugsfähige Werbungskosten 70 = ,–

Erhöhte Absetzungen nach den §§ 7h, 7i EStG und / oder nach dem Schutzbaugesetz

durch direkte Zuordnung ermittelt

39 [ ] 1 = wie Vorjahr / 2 = laut Erläuterung — EUR ,–

durch verhältnismäßige Zuordnung ermittelt

40 [ ] 1 = wie Vorjahr / 2 = laut Erläuterung — Gesamtbetrag in EUR, Ct [,] — abzugsfähiger Anteil (in %) [ ] — + ,–

41 Abzugsfähige Werbungskosten 31 = ,–

Absetzung für Abnutzung für Wirtschaftsgüter, die keine Gebäude sind (z. B. bewegliche Wirtschaftsgüter)

durch direkte Zuordnung ermittelt

42 [ ] 1 = wie Vorjahr / 2 = laut Erläuterung — Einzelangaben (z. B. Bezeichnung, Anschaffungskosten und -datum, Nutzungsdauer) [ ] — EUR ,–

durch verhältnismäßige Zuordnung ermittelt

43 [ ] 1 = wie Vorjahr / 2 = laut Erläuterung — Einzelangaben (z. B. Bezeichnung, Anschaffungskosten und -datum, Nutzungsdauer) [ ]

44 Gesamtbetrag in EUR, Ct [,] — abzugsfähiger Anteil (in %) [ ] — + ,–

45 Abzugsfähige Werbungskosten 60 = ,–

Ausgaben, die Sie tätigen, obwohl Sie noch keine vermietete Immobilie haben oder die Vermietung bereits beendet ist. Wichtig ist, dass Sie die Kosten in dem Jahr in Ihrer Steuererklärung angeben, in dem Sie das Geld ausgegeben haben (Zufluss-/Abflussprinzip, siehe S. 47). Das können zum Beispiel Darlehenszinsen sein, die Sie bereits zahlen, weil Sie eine Wohnung zwar schon gekauft haben, aber noch nicht vermietet haben.
In der Anlage V finden Sie als Einleitung zu den Werbungskosten einen Hinweis zu **verhältnismäßig zugeordneten Werbungskosten**. Dabei handelt es sich um Ausgaben, die nur teilweise Werbungskosten sind und sich nicht direkt zu einem Objekt zuordnen lassen – zum Beispiel, wenn Sie Aufwendungen haben, die auch im Zusammenhang mit einer selbst genutzten Immobilie stehen oder einer Wohnung, die Sie unentgeltlich an Dritte überlassen haben. Sollte dies bei Ihnen der Fall sein, haben Sie im Formular nachfolgend immer die Möglichkeit, den jeweiligen Betrag in einer Zeile mit der Bezeichnung „durch verhältnismäßige Zuordnung ermittelt" anzugeben.
Ein Beispiel: Sie besitzen ein Zweifamilienhaus mit zwei Wohnungen. Eine davon ist vermietet, die andere nutzen Sie selbst. Sie können steuerlich nur die Ausgaben ansetzen, die dem vermieteten Objekt zuzuordnen sind. Kosten, die sich direkt zuordnen lassen – zum Beispiel die Sanierung des Bads in der vermieteten Wohnung – können Sie problemlos vollständig absetzen. Bei Ausgaben, die für die gesamte Immobilie anfallen, ist das anders, etwa bei der Grundsteuer. Hier erhalten Sie von der Gemeinde nur einen Bescheid für die gesamte Immobilie und müssten den Betrag auf Vermietung und Selbstnutzung aufteilen.

Grundsätzlich gilt: Wenn Sie mit der Vermietung Ihrer Immobilie dauerhaft Einnahmen erzielen wollen, dürfen Sie Ihre laufenden Ausgaben und Ihre Investitionen als Werbungskosten steuerlich geltend machen. Dazu gehört auch die Abschreibung – also die Verteilung des Kaufpreises beziehungsweise der Herstellungskosten auf die Nutzungsdauer des Gebäudes. Wie hoch die Abschreibungsrate ist, ist gesetzlich festgelegt (siehe Kapitel 2, „Abschreibung und Verkehrswert", ab S. 21). Die **Zeilen 33–35** sind für diese Absetzung für Abnutzung (AfA), wie die Finanzverwaltung Abschreibung nennt, vorgesehen. Hier tragen Sie zunächst ein, ob Sie die lineare oder die degressive Abschreibung nutzen und wie hoch die prozentuale Abschreibungsrate ist (**Zeile 33**). Außerdem geben Sie an, ob Sie die gleiche AfA wie im Vorjahr geltend machen oder ob sich etwas verändert hat.
Ein Beispiel: Sie haben 2022 eine Drei-Zimmer-Wohnung zum Preis von 285 000 Euro gekauft. Das Gebäude wurde 1906 errichtet. Immobilien, die vor dem 1. Januar 1925 errichtet wurden, können mit einem Prozentsatz von 2,5 Prozent über 40 Jahre abgeschrieben werden. Nach Abzug des Werts für Grund und Boden verbleibt ein Betrag von 234 000 Euro, den Sie über die Jahre abschreiben können. Pro Jahr sind das 5 850 Euro (2,5 Prozent von 234 000 Euro), im ersten und letzten Jahr wird die Rate jeweils anteilig berechnet. Sie tragen also folgende Angaben in **Zeile 33** ein:

- „1" für lineare Abschreibung in das erste Kästchen
- „2,5" für den Prozentsatz der Abschreibung
- „1" für Vorjahr, da Sie bereits 2023 den vollen Jahres-Abschreibungsbetrag geltend gemacht haben
- „5 850" als Betrag in Euro, den Sie als Abschreibung ansetzen.

In den folgenden Zeilen können Sie getrennt nach Abschreibungsart weitere Abschreibungsbeträge erfassen – nach der normalen Abschreibungsrate für die Immobilie mögliche Sonderabschreibungen (**Zeile 36**).
Liegt Ihre Immobilie in einem Sanierungsgebiet oder in einem Baudenkmal, haben Sie die Möglichkeit, höhere Abschreibungssätze geltend zu machen. Diese tragen Sie in **Zeile 39** ein.
Abschreibungen auf bewegliche Wirtschaftsgüter, die Sie im Zusammenhang mit der Vermietung angeschafft haben, kommen in **Zeile 42** –

Schuldzinsen (ohne Tilgungsbeträge)

durch direkte Zuordnung ermittelt

Einzelangaben (z. B. Kreditinstitut) | EUR

46 | ,—

durch verhältnismäßige Zuordnung ermittelt

Einzelangaben (z. B. Kreditinstitut) | Gesamtbetrag in EUR, Ct | abzugsfähiger Anteil (in %)

47 | , | + ,—

48 Abzugsfähige Werbungskosten 33 = ,—

Geldbeschaffungskosten (z. B. Schätz-, Notar-, Grundbuchgebühren)

durch direkte Zuordnung ermittelt

Einzelangaben | EUR

49 | ,—

durch verhältnismäßige Zuordnung ermittelt

Einzelangaben | Gesamtbetrag in EUR, Ct | abzugsfähiger Anteil (in %)

50 | , | + ,—

51 Abzugsfähige Werbungskosten 34 = ,—

Renten, dauernde Lasten

durch direkte Zuordnung ermittelt

Einzelangaben | EUR

52 | ,—

durch verhältnismäßige Zuordnung ermittelt

Einzelangaben | Gesamtbetrag in EUR, Ct | abzugsfähiger Anteil (in %)

53 | , | + ,—

54 Abzugsfähige Werbungskosten 35 = ,—

2024 voll abzuziehende Erhaltungsaufwendungen (einschließlich Entnahmen aus der Erhaltungsrücklage)

EUR

55 durch direkte Zuordnung ermittelt 36 ,—

56 durch verhältnismäßige Zuordnung ermittelt | Gesamtbetrag in EUR, Ct , | abzugsfähiger Anteil (in %) | 37 ,—

Auf bis zu 5 Jahre zu verteilende Erhaltungsaufwendungen (einschließlich Entnahmen aus der Erhaltungsrücklage) – §§ 11a, 11b EStG, § 82b EStDV –

57 Gesamtaufwand **2024** 57 ,— € davon **2024** abzuziehen ,— €

EUR

58 durch direkte Zuordnung ermittelt ,—

59 durch verhältnismäßige Zuordnung ermittelt | Gesamtbetrag in EUR, Ct , | abzugsfähiger Anteil (in %) | + ,—

60 Abzugsfähige Werbungskosten 38 = ,—

Zu berücksichtigender Anteil der Erhaltungsaufwendungen nach den §§ 11a, 11b EStG, § 82b EStDV

EUR

61 **aus 2020** durch direkte Zuordnung ermittelt ,—

62 **aus 2020** durch verhältnismäßige Zuordnung ermittelt | Gesamtbetrag in EUR, Ct , | abzugsfähiger Anteil (in %) | + ,—

63 Abzugsfähige Werbungskosten 39 = ,—

64 **aus 2021** durch direkte Zuordnung ermittelt ,—

65 **aus 2021** durch verhältnismäßige Zuordnung ermittelt | Gesamtbetrag in EUR, Ct , | abzugsfähiger Anteil (in %) | + ,—

66 Abzugsfähige Werbungskosten 40 = ,—

67 **aus 2022** durch direkte Zuordnung ermittelt ,—

68 **aus 2022** durch verhältnismäßige Zuordnung ermittelt | Gesamtbetrag in EUR, Ct , | abzugsfähiger Anteil (in %) | + ,—

69 Abzugsfähige Werbungskosten 41 = ,—

beispielsweise die Einbauküche oder Mobiliar, das mitvermietet wird.
In aller Regel müssen Sie für den Kauf der Immobilie einen Kredit aufnehmen. Den Darlehensbetrag selbst beziehungsweise die monatliche Tilgung können Sie nicht in Ihrer Steuererklärung angeben, die Schuldzinsen (**Zeile 46**) und Geldbeschaffungskosten (**Zeile 49**) allerdings schon. Geldbeschaffungskosten sind Ausgaben, die rund um den Kredit entstanden sein können: etwa Bankgebühren, Fahrtkosten, Ausgaben für den Notar oder auch Gebühren beim Grundbuchamt.
Renten oder dauernde Lasten, für die die **Zeilen 52 und 53** vorgesehen sind, kommen nur selten vor – nämlich dann, wenn durch die Vermietung die Verpflichtung zur Zahlung von Renten entsteht. Dann können diese als Werbungskosten hier geltend gemacht werden.
In **Zeile 55** gehören alle Erhaltungsaufwendungen, die Sie sofort und im gleichen Jahr abziehen können und wollen. Das bedeutet, Sie müssen die Kosten von Anschaffungs- beziehungsweise Herstellungskosten abgegrenzt und sich für einen Sofortabzug im gleichen Jahr entschieden haben. Wollen Sie die Aufwendungen auf mehrere Jahre verteilen, können Sie in **Zeile 57** angeben, welchen Betrag Sie im betreffenden Jahr abziehen möchten. Dies kann sich vor allem bei eher niedrigen Einkünften rechnen, da sich dann die Kosten aufgrund des ohnehin schon niedrigen Steuersatzes nicht oder nur wenig auswirken werden. Wenn Sie diese Möglichkeit schon in den Vorjahren genutzt haben, führen Sie die Kosten fort und nutzen für die Vorjahre die **Zeilen 61 bis 69**.
Ein Beispiel: In Ihrer neu vermieteten Wohnung haben Sie in Absprache mit Ihrer Mieterin neue Boden- und Wandfliesen im Bad anbringen lassen, außerdem Waschbecken und Schränke sowie die Trennwand zur Badewanne erneuert. Die Handwerksfirma stellt Ihnen dafür 10 000 Euro in Rechnung. Sie haben nun die Wahl. Möglichkeit 1: Sie können den Betrag in der Steuererklärung in einer Summe als Werbungskosten geltend machen. Möglichkeit 2: Sie setzen in diesem und in den folgenden vier Jahren jeweils 2 000 Euro an – oder alternativ 5 000 Euro in diesem und im nächsten Jahr.

Neben- oder Betriebskosten, die Sie auf Ihre Mieter umgelegt haben, tragen Sie in **Zeile 73** ein – etwa Heizung, Warmwasser, Müllabfuhr oder die Treppenhausreinigung. Kosten, die Sie nicht umgelegt haben und die nicht umlagefähig sind, gehören in **Zeile 76**, beispielsweise die Ausgaben für den Hausverwalter oder Kontoführungsgebühren.
Die **Zeile 80** ist ein Sammelposten für alle Werbungskosten, die Sie noch nicht angeben konnten, zum Beispiel Beiträge für den Haus- und Grundbesitzerverein oder Reisekosten.
In **Zeile 83** addieren Sie die Summe aller Werbungskosten; wenn Sie umsatzsteuerpflichtig sind, tragen Sie in **Zeile 84** die entsprechenden Vorsteuerbeträge ein.

Weitere einzelne Angaben

Ermittlung und Zuordnung der Einkünfte: In **Zeile 85** tragen Sie das Ergebnis Ihrer Berechnung ein, also den Saldo der Einnahmen aus **Zeile 32** und der Werbungskosten in **Zeile 83**. Sollte es sich um einen Verlust handeln, stellen Sie ein Minuszeichen voran.
Verbilligte Vermietung zu Wohnzwecken: Wenn Sie die Immobilie ganz oder teilweise verbilligt vermieten, führt dies zu einer Kürzung des Werbungskostenabzugs. Bei komplett verbilligter Vermietung geben Sie in **Zeile 87** den Prozentsatz an, um den die Werbungskosten zu kürzen sind.
Öffentliche Zuschüsse: In **Zeile 89** gehören mögliche öffentliche Zuschüsse, die Sie zur Finanzierung von Anschaffungs- oder Herstellungskosten erhalten haben – beispielsweise für Sanierungen oder für die Schaffung von Wohnraum.

EUR

70 **aus 2023** durch direkte Zuordnung ermittelt ,—

71 **aus 2023** durch verhältnismäßige Zuordnung ermittelt — Gesamtbetrag in EUR, Ct , — abzugsfähiger Anteil (in %) — + ,—

72 Abzugsfähige Werbungskosten 42 = ,—

Umgelegte Kosten (z. B. Grundsteuer, Straßenreinigung, Müllabfuhr, Wasserversorgung, Entwässerung, Hausbeleuchtung, Heizung, Warmwasser, Schornsteinreinigung, Hausversicherungen, Hauswart, Treppenhausreinigung, Fahrstuhl)

durch direkte Zuordnung ermittelt

Einzelangaben — EUR

73 ,—

durch verhältnismäßige Zuordnung ermittelt

Einzelangaben — Gesamtbetrag in EUR, Ct — abzugsfähiger Anteil (in %)

74 , + ,—

75 Abzugsfähige Werbungskosten 52 = ,—

Nicht umgelegte Kosten (z. B. Verwaltungskosten, Bank- und Kontoführungsgebühren – ohne Erhaltungsrücklage –)

durch direkte Zuordnung ermittelt

Einzelangaben — EUR

76 ,—

durch verhältnismäßige Zuordnung ermittelt

Einzelangaben — Gesamtbetrag in EUR, Ct — abzugsfähiger Anteil (in %)

77 , + ,—

78 Abzugsfähige Werbungskosten 48 = ,—

Nur bei umsatzsteuerpflichtiger Vermietung:
an das Finanzamt gezahlte und ggf. verrechnete Umsatzsteuer

EUR

79 durch direkte Zuordnung ermittelt 58 ,—

Sonstige Kosten

durch direkte Zuordnung ermittelt

Einzelangaben — EUR

80 ,—

durch verhältnismäßige Zuordnung ermittelt

Einzelangaben — Gesamtbetrag in EUR, Ct — abzugsfähiger Anteil (in %)

81 , + ,—

82 Abzugsfähige Werbungskosten 49 = ,—

EUR

83 **Summe der Werbungskosten**
(Summe der Zeilen 35, 38, 41, 45, 48, 51, 54, 55, 56, 60, 63, 66, 69, 72, 75, 78, 79 und 82) ,—

84 Nur bei umsatzsteuerpflichtiger Vermietung: in den Werbungskosten laut Zeile 83 enthaltene abziehbare Vorsteuerbeträge 59 ,—

Ermittlung und Zuordnung der Einkünfte

– Bitte füllen Sie die Zeilen 85 und 86 immer aus. –

EUR

85 Überschuss (Einnahmen laut Zeile 32 abzüglich Werbungskosten laut Zeile 83)
– negativen Betrag mit vorangestelltem Minuszeichen eintragen – ,—

Steuerpflichtige Person / Ehemann / Person A / Gemeinschaft / Gesellschaft — EUR | Ehefrau / Person B — EUR

86 Zurechnung des Betrags aus Zeile 85 20 ,— 21 ,—

Verbilligte Vermietung zu Wohnzwecken (§ 21 Abs. 2 Satz 1 EStG)

– Bitte nehmen Sie die Eintragung zur Kürzung der Werbungskosten entweder in Zeile 87 **oder** in Zeile 88 vor. Aufgrund dieser Eintragung kürzt Ihr Finanzamt die Werbungskosten entsprechend. –

87 Kürzung der Werbungskosten wegen verbilligter Vermietung (in %) 50 ,

EUR

88 Betragsmäßige Kürzung der Werbungskosten wegen verbilligter Vermietung eines Teils des Objekts 51 ,—

2024 vereinnahmte oder bewilligte Zuschüsse aus öffentlichen Mitteln zu den Anschaffungs- / Herstellungskosten (laut gesonderter Aufstellung)

EUR | EUR

89 Steuerpflichtige Person / Ehemann / Person A / Gemeinschaft / Gesellschaft ,— Ehefrau / Person B ,—

Ausfüllhilfe Anlage V-FeWo

Wenn Sie Wohnungen als Urlaubsdomizil oder zur kurzfristigen Nutzung vermieten, müssen Sie seit 2023 die Anlage V-FeWo beim Finanzamt einreichen. Hier können Sie bis zu vier Ferienobjekte erörtern. Wenn dies nicht ausreicht, füllen Sie eine weitere Anlage V-FeWo aus.

In den **Zeilen 1–3** geben Sie Ihren Namen und Ihre Steuernummer an. Sollten Sie mehrere Anlagen V-FeWo einreichen, nummerieren Sie diese durch.
Ein Beispiel: Sie vermieten drei Ferienapartments in einem größeren Gebäude im Skigebiet Reit im Winkl. Außerdem haben Sie vor Kurzem noch günstig zwei kleinere Ferienwohnungen an der Ostsee am Darß erworben. Da Sie damit insgesamt über fünf Objekte verfügen, müssen Sie zweimal die Anlage V-FeWo beim Finanzamt einreichen. Die Nummer der Anlage – in diesem Fall 1 beziehungsweise 2 – tragen Sie rechts in das Feld neben der Steuernummer ein.
Daneben müssen Sie benennen, ob die Anlage V-FeWo zu Ihrer Einkommenssteuererklärung oder zu einer Feststellungserklärung gehört. Im Normalfall geht es um eine Einkommenssteuererklärung. Eine Feststellungserklärung müssen Sie in aller Regel nur einreichen, wenn Sie mit anderen Personen Einkünfte erzielen. Das ist bei einer Vermietung in zwei Fällen möglich:

- → **Erstens:** Sie haben eine Grundstücksgemeinschaft gebildet. Das heißt, Sie vermieten innerhalb einer Personengesellschaft, beispielsweise einer GbR, ein Grundstück.
- → **Zweitens:** Sie sind Teil einer Erbengemeinschaft. Das bedeutet, Sie haben gemeinsam mit anderen zum Beispiel ein Mehrfamilienhaus mit einigen vermieteten Wohneinheiten geerbt und vermieten diese weiterhin. Mithilfe einer solchen Feststellungserklärung wird dann festgelegt, wie hoch Ihr individueller Anteil an den Einkünften ist – und diesen müssen Sie dann wiederum in der Einkommenssteuererklärung angeben.

Ferienwohnung / kurzfristig vermietete Wohnung

In **Zeile 4** können Sie die Anlage V-FeWo der Anlage V zuordnen, in der Sie die Einkünfte deklariert haben. In **Zeile 5** erfassen Sie das Aktenzeichen aus dem Grundsteuermessbescheid, der Ihnen zugegangen ist. Diese Angabe ist relativ neu und löst das bisherige Einheitswert-Aktenzeichen ab.
Wie groß die jeweilige Ferienwohnung ist, tragen Sie in **Zeile 7** ein. Sollten Sie mehrere Ferienimmobilien besitzen, müssen Sie die Größe der jeweiligen Wohnung außerdem in den **Zeilen 17, 27 und 37** erfassen.
Ein Beispiel: Sie haben im Jahr 2024 drei Ferienapartments in Zell an der Mosel vermietet. Die Wohnung im Erdgeschoss ist 70 m^2 groß, das Apartment im ersten Stock 50 m^2. Die Wohnung in der zweiten Etage hat 75 m^2 Wohnfläche. Sie erfassen die Wohnungen also der Reihe nach, beispielsweise den Geschossen folgend. Damit müssten Sie in **Zeile 7** „70" eintragen. In **Zeile 17** müssen Sie eine „50" erfassen und in **Zeile 27** „75".

In den nächsten Zeilen geht es um die Art und Weise der Nutzung. In **Zeile 8** müssen Sie daher erklären, ob Sie die Wohnung auch selbst genutzt haben (1) oder nicht (2). Wenn Sie die Ferienwohnung auch selbst genutzt haben, tragen Sie in **Zeile 9** die Zeiten von Selbstnutzung, Vermietung und Leerstand ein – jeweils in Tagen. Ob Sie den Leerstand separat erfassen müssen oder ob Sie diesen bei den Tagen der Vermietung eintragen dürfen, hängt davon ab,

Name / Gemeinschaft / Gesellschaft

1

Vorname

2

3 **Steuernummer** lfd. Nr. der Anlage

Anlage V-FeWo

zur Anlage V

X zur Einkommensteuererklärung

X zur Feststellungserklärung

Diese Anlage ist bei Zusammenveranlagung von Ehegatten / Lebenspartnern gemeinsam auszufüllen.

Einkünfte aus Vermietung und Verpachtung von Ferienwohnungen und aus kurzfristiger Vermietung

1. Ferienwohnung / kurzfristig vermietete Wohnung

Allgemeine Angaben

4 zur **Anlage V** mit der laufenden Nummer

5 Aktenzeichen laut Grundsteuermessbescheid (ohne Sonderzeichen) – bisher Einheitswert-Aktenzeichen –

6 ggf. nähere Bezeichnung der Ferienwohnung / kurzfristigen Vermietung

7 Wohnfläche (in m²)

Angaben zur Nutzung

8 Wurde die Wohnung im Jahr 2024 auch selbst genutzt (hierzu zählt auch die unentgeltliche Überlassung an Dritte) und / oder war eine Selbstnutzung vorbehalten? 1 = Ja 2 = Nein

9 Tage der Selbstnutzung (Anzahl) Vermietungstage (Anzahl) Leerstandstage (Anzahl)

Falls die Wohnung ausschließlich an wechselnde Feriengäste vermietet und in der übrigen Zeit hierfür bereit gehalten wurde:

10 Ortsübliche Vermietungstage (Anzahl)

11 Wurde die Vermietung einem nicht nahe stehenden Vermittler (z. B. überregionaler Reiseveranstalter, Kurverwaltung) übertragen und ist eine Eigennutzung vertraglich für das gesamte Jahr ausgeschlossen? 1 = Ja 2 = Nein

12 Befindet sich die Ferienwohnung in Ihrem ansonsten selbst genutzten Zwei- oder Mehrfamilienhaus oder in unmittelbarer Nähe zur selbst genutzten Wohnung? 1 = Ja 2 = Nein

13 Befindet sich die Ferienwohnung in einem Ort, in dem sich eine oder weitere eigene Ferienwohnungen befinden, welche selbst genutzt wurden? 1 = Ja 2 = Nein

2. Ferienwohnung / kurzfristig vermietete Wohnung

Allgemeine Angaben

14 zur **Anlage V** mit der laufenden Nummer

15 Aktenzeichen laut Grundsteuermessbescheid (ohne Sonderzeichen) – bisher Einheitswert-Aktenzeichen –

16 ggf. nähere Bezeichnung der Ferienwohnung / kurzfristigen Vermietung

17 Wohnfläche (in m²)

Angaben zur Nutzung

18 Wurde die Wohnung im Jahr 2024 auch selbst genutzt (hierzu zählt auch die unentgeltliche Überlassung an Dritte) und / oder war eine Selbstnutzung vorbehalten? 1 = Ja 2 = Nein

19 Tage der Selbstnutzung (Anzahl) Vermietungstage (Anzahl) Leerstandstage (Anzahl)

Falls die Wohnung ausschließlich an wechselnde Feriengäste vermietet und in der übrigen Zeit hierfür bereit gehalten wurde:

20 Ortsübliche Vermietungstage (Anzahl)

21 Wurde die Vermietung einem nicht nahe stehenden Vermittler (z. B. überregionaler Reiseveranstalter, Kurverwaltung) übertragen und ist eine Eigennutzung vertraglich für das gesamte Jahr ausgeschlossen? 1 = Ja 2 = Nein

22 Befindet sich die Ferienwohnung in Ihrem ansonsten selbst genutzten Zwei- oder Mehrfamilienhaus oder in unmittelbarer Nähe zur selbst genutzten Wohnung? 1 = Ja 2 = Nein

23 Befindet sich die Ferienwohnung in einem Ort, in dem sich eine oder weitere eigene Ferienwohnungen befinden, welche selbst genutzt wurden? 1 = Ja 2 = Nein

wie Sie die Ferienwohnung vermieten; also, ob Sie sich dabei von einer Agentur unterstützen lassen oder nicht (siehe Kapitel 5).
Ein Beispiel: Sie wohnen in Köln und haben sich vor zwei Jahren ein Holzblock-Ferienhaus in einem Naturpark in Nettersheim in der Eifel gekauft. Sie nutzen für die Vermietung die Agentur im Naturpark und haben sich vertraglich vorbehalten, an einem Wochenende pro Monat die Immobilie selbst zur eigenen Erholung und zum Wandern zu nutzen. In den warmen Monaten – von April bis September – und darüber hinaus in den restlichen nordrhein-westfälischen Schulferien haben Sie das Blockhaus an Gäste vermietet. Aufgrund der Witterung stand die Immobilie an den übrigen Tagen im Januar und Februar und im Dezember leer. Da Sie die Selbstnutzung zeitlich durch die Vermietung durch einen Dritten beschränkt haben, ist nur die vorbehaltene Zeit der Selbstnutzung den Tagen der Selbstnutzung zuzuordnen – in diesem Fall also die Wochenenden. Die Leerstandszeit dürfen Sie in diesem Fall den Tagen der Vermietung zuschlagen.
Daraus ergibt sich für das Jahr 2024 folgende Aufteilung:
Selbstnutzung: jeweils ein Wochenende in den Monaten März bis November: 18 Tage
Vermietung: April bis September (abzüglich der Tage für Selbstnutzung): 171 Tage
Vermietung: Schulferien darüber hinaus (anteilig Oster-/Herbstferien März/Oktober): 20 Tage
Leerstand: 157 Tage
Gesamt: 366 Tage (Schaltjahr)

Daher müssen Sie in diesem Beispiel im Formular folgende Angaben machen:
Tage der Selbstnutzung „18"
Vermietungstage „348" (hier sind die Leerstandszeiten miterfasst)

Wenn Sie Ihre Ferienwohnung nicht selbst nutzen, müssen Sie in den **Zeilen 10 bis 13** Angaben machen. Hier werden die Details der ausschließlichen Vermietung der Ferienwohnung abgefragt – also die ortsüblichen Vermietungstage (**Zeile 10**), der Auftrag an eine Vermittlungsagentur (**Zeile 11**) sowie die Lage der Wohnung (**Zeilen 12 und 13**). Dies sind die vier Kriterien, damit das Finanzamt eine ausschließliche Vermietung akzeptiert und damit Ihre Werbungskosten vollständig anerkennt (siehe Kapitel 5). Entscheidend ist, dass eines der vier Kriterien erfüllt ist. Wenn das Finanzamt diese eine Voraussetzung als gegeben sieht, nimmt es eine ausschließliche Vermietungsabsicht an.

➔ **1.** Die Vermietungsdauer Ihrer Ferienimmobilie entspricht im Durchschnitt den anderen saisonüblichen Vermietungen in der Umgebung. **(Zeile 10)**

➔ **2.** Sie haben die Vermietung des Objekts einer Agentur, einem Reiseveranstalter oder der Kurverwaltung übertragen und eine Selbstnutzung vertraglich ausgeschlossen. **(Zeile 11)**

➔ **3.** Ihre Ferienwohnung befindet sich in oder in unmittelbarer Nähe der Immobilie, die Sie selbst bewohnen. Die selbst genutzte Immobilie muss nicht nur Ihren eigenen Bedürfnissen entsprechen, sondern auch die Möglichkeit bieten, Gäste zu beherbergen. **(Zeile 12)**

➔ **4.** Sie besitzen mehrere Ferienwohnungen im gleichen Ort und nutzen nur eine von diesen selbst. **(Zeile 13)**

Ein Beispiel: Sie haben sich ein Ferienapartment im Berchtesgadener Land gekauft. Sie planen, die Vermietung einer Agentur zu übertragen, haben aber noch keinen geeigneten Anbieter gefunden.
Sie recherchieren daher die ortsübliche Vermietungszeit und stoßen auf eine Statistik. Demnach gibt es in der betreffenden Gemeinde 114 Beherbergungsbetriebe vergleichbarer Art, im abgelaufenen Jahr sind 24 902 Übernachtungen verzeichnet. Es entfallen also durchschnittlich auf jeden Beherbergungsbetrieb rund 218 Übernachtungen. Sie tragen daher in **Zeile 10** „218" ein.

3. Ferienwohnung / kurzfristig vermietete Wohnung

Allgemeine Angaben

24 zur **Anlage V** mit der laufenden Nummer

25 Aktenzeichen laut Grundsteuermessbescheid (ohne Sonderzeichen) – bisher Einheitswert-Aktenzeichen –

26 ggf. nähere Bezeichnung der Ferienwohnung / kurzfristigen Vermietung

27 Wohnfläche (in m²)

Angaben zur Nutzung

28 Wurde die Wohnung im Jahr 2024 auch selbst genutzt (hierzu zählt auch die unentgeltliche Überlassung an Dritte) und / oder war eine Selbstnutzung vorbehalten? 1 = Ja 2 = Nein

29 Tage der Selbstnutzung (Anzahl) Vermietungstage (Anzahl) Leerstandstage (Anzahl)

Falls die Wohnung ausschließlich an wechselnde Feriengäste vermietet und in der übrigen Zeit hierfür bereit gehalten wurde:

30 Ortsübliche Vermietungstage (Anzahl)

31 Wurde die Vermietung einem nicht nahe stehenden Vermittler (z. B. überregionaler Reiseveranstalter, Kurverwaltung) übertragen und ist eine Eigennutzung vertraglich für das gesamte Jahr ausgeschlossen? 1 = Ja 2 = Nein

32 Befindet sich die Ferienwohnung in Ihrem ansonsten selbst genutzten Zwei- oder Mehrfamilienhaus oder in unmittelbarer Nähe zur selbst genutzten Wohnung? 1 = Ja 2 = Nein

33 Befindet sich die Ferienwohnung in einem Ort, in dem sich eine oder weitere eigene Ferienwohnungen befinden, welche selbst genutzt wurden? 1 = Ja 2 = Nein

4. Ferienwohnung / kurzfristig vermietete Wohnung

Allgemeine Angaben

34 zur **Anlage V** mit der laufenden Nummer

35 Aktenzeichen laut Grundsteuermessbescheid (ohne Sonderzeichen) – bisher Einheitswert-Aktenzeichen –

36 ggf. nähere Bezeichnung der Ferienwohnung / kurzfristigen Vermietung

37 Wohnfläche (in m²)

Angaben zur Nutzung

38 Wurde die Wohnung im Jahr 2024 auch selbst genutzt (hierzu zählt auch die unentgeltliche Überlassung an Dritte) und / oder war eine Selbstnutzung vorbehalten? 1 = Ja 2 = Nein

39 Tage der Selbstnutzung (Anzahl) Vermietungstage (Anzahl) Leerstandstage (Anzahl)

Falls die Wohnung ausschließlich an wechselnde Feriengäste vermietet und in der übrigen Zeit hierfür bereit gehalten wurde:

40 Ortsübliche Vermietungstage (Anzahl)

41 Wurde die Vermietung einem nicht nahe stehenden Vermittler (z. B. überregionaler Reiseveranstalter, Kurverwaltung) übertragen und ist eine Eigennutzung vertraglich für das gesamte Jahr ausgeschlossen? 1 = Ja 2 = Nein

42 Befindet sich die Ferienwohnung in Ihrem ansonsten selbst genutzten Zwei- oder Mehrfamilienhaus oder in unmittelbarer Nähe zur selbst genutzten Wohnung? 1 = Ja 2 = Nein

43 Befindet sich die Ferienwohnung in einem Ort, in dem sich eine oder weitere eigene Ferienwohnungen befinden, welche selbst genutzt wurden? 1 = Ja 2 = Nein

Ausfüllhilfe Anlage V-Sonstige

Seit dem Veranlagungszeitraum 2023 gibt es für bestimmte, besondere Vermietungseinkünfte den Vordruck V-Sonstige. Diesen benötigen Sie, wenn Sie Zimmer Ihrer Mietwohnung untervermieten oder etwa unbebaute Grundstücke verpachten.

Neben Ihrem Namen und der Steuernummer müssen Sie angeben, ob die Anlage V-Sonstige zu Ihrer Einkommenssteuererklärung oder zu einer Feststellungserklärung gehört. Im Normalfall geht es bei Ihnen um eine Einkommenssteuererklärung.

Eine Feststellungserklärung müssen Sie in aller Regel nur dann einreichen, wenn Sie mit anderen Personen Einkünfte erzielen. Bei der Anlage V-Sonstige könnte dies dann der Fall sein, wenn Sie eine Grundstücksgemeinschaft gebildet haben. Das heißt, Sie vermieten innerhalb einer Personengesellschaft, beispielsweise einer GbR, ein Grundstück.

In einer solchen Konstellation treffen die **Zeilen 4 bis 10** des Vordrucks auf Sie zu. Denn die **Zeilen 4 bis 30** sind für **Anteile** an Einkünften vorgesehen, zum Beispiel für Grundstücksgemeinschaften, geschlossene Immobilienfonds oder Bauherrenmodelle.

Für die Gesellschaft oder das Unternehmen, für das Sie in den vorgenannten Zeilen Eintragungen gemacht haben, geben Sie in **Zeile 30** die Wirtschafts-Identifikationsnummer an.

Untervermietung

Da die Anlage V-Sonstige für spezielle Arten der Vermietung bestimmt ist, dürften die meisten Zeilen Sie im Normalfall nicht betreffen. Die Untervermietung einzelner Räume in Ihrer gemieteten Wohnung dagegen kommt im Alltag öfter vor. Diese Einkünfte gehören in **Zeile 31**. Hier tragen Sie Einkünfte aus der Untervermietung von Räumen in Ihrer Mietwohnung ein. Hierfür müssen Sie die Gesamtkosten Ihrer Mietwohnung oder Ihres gemieteten Hauses – inklusive der Miete, die Sie an Ihren Vermieter zahlen – aufteilen: in Werbungskosten für die Untervermietung und in nicht absetzbare Kosten für den Teil, den Sie selbst bewohnen. Hierbei richten Sie sich nach dem Anteil der Wohnfläche.

Ein Beispiel: Sie haben eine große Wohnung in der Hannoveraner Innenstadt gemietet. Nach dem Auszug Ihrer Tochter steht ein Zimmer vorübergehend leer, Sie möchten aber auch nicht aus der guten Innenstadtlage wegziehen. Daher beschließen Sie, mit Einverständnis Ihrer Vermieterin, das Zimmer unterzuvermieten. Ihre Wohnung hat insgesamt eine Wohnfläche von 100 m^2, das Zimmer, das Sie vermieten möchten, ist 20 m^2 groß. Demzufolge dürfen Sie 20 Prozent der Ausgaben für Miete inklusive Nebenkosten geltend machen. Das Gleiche gilt für andere Kosten, die nicht ausschließlich der Untervermietung zuzurechnen sind.

Darüber hinaus dürfen Sie alle Ausgaben in voller Höhe ansetzen, die direkt die Untervermietung betreffen. Dazu zählen beispielsweise die Reinigung des Zimmers, Renovierungs- und Instandhaltungskosten, Handwerkerrechnungen oder neu gekaufte Möbel, falls das Zimmer möbliert vermietet werden soll.

Tipp: Sofern Ihre Mieteinnahmen im Jahr weniger als 520 Euro betragen, dürfen Sie aus Vereinfachungsgründen die Mieteinnahmen in der Steuererklärung weglassen. Aber Achtung: Bei dem Betrag handelt es sich um eine Freigrenze, nicht um einen Freibetrag. Das heißt: Sobald die Mieteinnahmen die Summe von 520 Euro übersteigen, müssen sie sämtlich deklariert werden.

1 Name / Gemeinschaft / Gesellschaft

2 Vorname

3 **Steuernummer**

Anlage V-Sonstige

☐ zur Einkommensteuererklärung

☐ zur Feststellungserklärung

Diese Anlage ist bei Zusammenveranlagung von Ehegatten / Lebenspartnern gemeinsam auszufüllen.

Weitere Einkünfte aus Vermietung und Verpachtung

Anteile an Einkünften laut gesonderter und einheitlicher Feststellung aus 25

Steuerpflichtige Person / Ehemann / Person A / Gemeinschaft / Gesellschaft

1. Grundstücksgemeinschaft

4 Bezeichnung

5 Finanzamt

6 Steuernummer — EUR 856 ,–

2. Grundstücksgemeinschaft

7 Bezeichnung

8 Finanzamt

9 Steuernummer — EUR 858 ,–

10 weiteren Grundstücksgemeinschaften (laut gesonderter Aufstellung) — 854 ,–

geschlossenen Immobilienfonds

11 Bezeichnung

12 Finanzamt

13 Steuernummer — EUR 874 ,–

Bauherren- / Erwerbsgemeinschaften

14 Bezeichnung

15 Finanzamt

16 Steuernummer — EUR 876 ,–

Ehefrau / Person B

1. Grundstücksgemeinschaft

17 Bezeichnung

18 Finanzamt

19 Steuernummer — EUR 857 ,–

2. Grundstücksgemeinschaft

20 Bezeichnung

21 Finanzamt

22 Steuernummer — EUR 859 ,–

23 weiteren Grundstücksgemeinschaften (laut gesonderter Aufstellung) — 855 ,–

Unbebaute Grundstücke und weitere Arten von Vermietung

In **Zeile 32** der Anlage V-Sonstige tragen Sie mögliche Einkünfte aus Vermietung und Verpachtung unbebauter Grundstücke ein.
Die übrigen Zeilen **ab Zeile 33** sind für Einkünfte aus weiteren Arten von Vermietung, beispielsweise aus der Überlassung von Rechten oder auch im Zusammenhang mit geschlossenen Immobilienfonds.

Ermäßigte Besteuerung etwa bei Veräußerungsgewinnen

Die **Zeile 38** ist für außerordentliche Einkünfte reserviert. Denn für Einkünfte im Zusammenhang mit außergewöhnlichen Ereignissen sieht das Einkommenssteuergesetz im § 34 Abs. 1 EStG eine ermäßigte Besteuerung vor, um die Progressionsbelastung zu mindern. Bei der Vermietung kann das beispielsweise bei der Veräußerung einer Immobilie innerhalb der Spekulationsfrist, bei Entschädigungszahlungen oder bei Nachzahlungen aus früheren Vermietungszeiträumen der Fall sein.
Wird eine vermietete Immobilie innerhalb von zehn Jahren nach dem Erwerb verkauft, gilt der Gewinn als privates Veräußerungsgeschäft und damit als steuerpflichtig. Dieser zählt zu den hier genannten außerordentlichen Einkünften – wenn er einmalig ist und in einem Steuerjahr anfällt. Sie können dann hier im Formular die ermäßigte Besteuerung beantragen. Gleiches gilt, wenn Sie als Vermieter eine einmalige Entschädigungszahlung erhalten haben, beispielsweise, weil Ihr Mieter vorzeitig gekündigt hat. Auch hier ist entscheidend, dass die Zahlung in einem Jahr anfällt und außerordentlich ist – also in dieser Höhe nicht regelmäßig anfällt.
Um Progressionssprünge bei derartigen einmaligen Einnahmen zu vermeiden, wird ein so genannter Fünftel-Regel-Test angewendet. Dabei wird der außerordentliche Gewinn in Fünftel aufgeteilt und der Steuersatz auf ein Fünftel gerechnet. Das führt in aller Regel zu einer niedrigeren Steuerbelastung.
Ein Beispiel: Sie verkaufen 2024 eine vermietete Wohnung, die Sie im Jahr 2017 gekauft haben. Der Veräußerungsgewinn dafür beträgt 150000 Euro. Da die Zehnjahresfrist unterschritten ist, wird der Gewinn steuerpflichtig. Um von der ermäßigten Besteuerung zu profitieren, tragen Sie in **Zeile 38** die Summe von 150000 Euro als Einkünfte ein. Das Finanzamt prüft, ob die Voraussetzungen vorliegen, und gewährt eine ermäßigte Steuerbelastung entsprechend der Fünftel-Regel, wenn das der Fall ist.

geschlossenen Immobilienfonds

24 Bezeichnung

25 Finanzamt

26 Steuernummer — 875 EUR ,—

Bauherren- / Erwerbsgemeinschaften

27 Bezeichnung

28 Finanzamt

29 Steuernummer — 877 EUR ,—

Wirtschafts-Identifikationsnummer zu den Zeilen 31 bis 36

30 Steuerpflichtige Person / Ehemann / Person A / Gemeinschaft / Gesellschaft: D E - — Ehefrau / Person B: D E -

Einkünfte aus Untervermietung von gemieteten Räumen

	Bezeichnung	Steuerpflichtige Person / Ehemann / Person A / Gemeinschaft / Gesellschaft EUR	Ehefrau / Person B EUR
31		866 ,—	867 ,—

Einkünfte aus Vermietung und Verpachtung unbebauter Grundstücke, von anderem unbeweglichen Vermögen, von Sachinbegriffen sowie aus Überlassung von Rechten

	Bezeichnung	Steuerpflichtige Person / Ehemann / Person A / Gemeinschaft / Gesellschaft EUR	Ehefrau / Person B EUR
	Vermietung und Verpachtung unbebauter Grundstücke		
32		,—	,—
	Vermietung und Verpachtung von anderem unbeweglichen Vermögen		
33		+ ,—	+ ,—
	Vermietung und Verpachtung von Sachinbegriffen		
34		+ ,—	+ ,—
	Einkünfte aus Überlassung von Rechten		
35		+ ,—	+ ,—
36	Summe	852 = ,—	853 = ,—

Vereinnahmte Prozess- und Verzugszinsen

	Bezeichnung	Steuerpflichtige Person / Ehemann / Person A / Gemeinschaft / Gesellschaft EUR	Ehefrau / Person B EUR
37		864 ,—	865 ,—

Einkünfte, für die die ermäßigte Besteuerung nach § 34 Abs. 1 EStG anzuwenden ist

In der **Anlage V** und / oder der Anlage V-Sonstige enthaltene Einkünfte, für die die ermäßigte Besteuerung nach § 34 Abs. 1 EStG anzuwenden ist

	Bezeichnung	Steuerpflichtige Person / Ehemann / Person A / Gemeinschaft / Gesellschaft EUR	Ehefrau / Person B EUR
38		862 ,—	863 ,—

Steuerstundungsmodelle

Einkünfte aus Gesellschaften / Gemeinschaften / ähnlichen Modellen i. S. d. § 15b EStG (laut gesonderter Aufstellung)

	Bezeichnung	Steuerpflichtige Person / Ehemann / Person A / Gemeinschaft / Gesellschaft EUR	Ehefrau / Person B EUR
39		,—	,—

Ausfüllhilfe Anlage Sonstiges

Haben Sie Verluste aus Vermietung und Verpachtung zu verzeichnen, werden diese Verluste zunächst mit den Einkünften desselben Jahres verrechnet (siehe auch Kapitel 3, S. 58). Weitergehende Verluste werden zurück- oder vorgetragen – dafür benötigen Sie die Anlage Sonstiges.

Verlustabzug

Sollten keine entsprechenden Einkünfte vorhanden sein, mit denen mögliche Verluste verrechnet werden können, oder bleiben nach der Verrechnung noch Verluste übrig, können diese entweder in Vorjahre zurückgetragen oder in Folgejahre vorgetragen werden. Wenn das Finanzamt diese Verluste berücksichtigen soll, müssen Sie die Anlage Sonstiges einreichen und angeben, ob Sie einen Verlustvortrag oder einen Verlustrücktrag wünschen. Diese Angaben machen Sie in der Anlage Sonstiges in den **Zeilen 17 beziehungsweise 18**.

Wenn Ihr Finanzamt zum 31. Dezember des Vorjahres einen verbleibenden Verlustvortrag festgestellt hat, tragen Sie in **Zeile 17** eine „1" ein. Ergibt sich bei der laufenden Einkommenssteuerveranlagung ein Verlust, trägt Ihr Finanzamt diesen Verlust in die Vorjahre zurück – dafür müssen Sie nichts machen. Wenn Sie aber auf diesen Verlustrücktrag verzichten wollen, tragen Sie in **Zeile 18** eine „1" ein. Ihr Finanzamt stellt dann einen verbleibenden Verlustvortrag fest. Dieser kann in künftigen Jahren berücksichtigt werden.

Ein Beispiel: Sie haben seit Längerem eine Wohnung gut vermietet und sich in diesem Jahr eine weitere Immobilie gekauft, die Sie vermieten wollen. Mit der ersten Wohnung erzielen Sie einen Überschuss von 5 500 Euro. Die neue Immobilie ist erst wenige Monate vermietet, zudem sind im Zusammenhang mit Anschaffung und Mietersuche zahlreiche Kosten angefallen, sodass ein Verlust von 9 000 Euro entstanden ist. Insgesamt errechnet sich dadurch für das betreffende Steuerjahr ein Verlust von 3 500 Euro bei den Einkünften aus Vermietung und Verpachtung. Wenn Sie keine weiteren Einkünfte haben, trägt das Finanzamt den Verlust automatisch ins Vorjahr zurück. Möchten Sie dies nicht, sondern wollen Sie, dass der Verlust ins nächste Kalenderjahr vorgetragen wird – beispielsweise, weil Sie dann aufgrund einer Anstellung monatliches Gehalt erwarten oder weil dann beide Wohnungen gut vermietet sind –, müssen Sie dies dem Finanzamt mitteilen. Das tun Sie in **Zeile 18** des Formulars mit „1".

Wichtig: Sie können den Verlustvortrag nicht begrenzen, dieser wird vom Finanzamt so lange weitergeführt, bis er aufgebraucht ist. Sollte also im Folgejahr Ihres Verlustvortrags noch Verlust übrig bleiben, stellt das Finanzamt diesen gesondert fest. Dies notieren Sie dann im Folgejahr – ebenfalls auf der Anlage Sonstiges – in **Zeile 17** mit der „1".

Hinweis: Die Anlage Sonstiges besteht aus zwei Seiten. Da die zweite Seite keine Angaben enthält, die speziell bei einer Vermietung relevant sind, drucken wir sie hier nicht ab.

Anlage Sonstiges

Diese Anlage ist bei Zusammenveranlagung von Ehegatten / Lebenspartnern gemeinsam auszufüllen.

1 Name

2 Vorname

3 Steuernummer

Sonstige Angaben und Anträge

Steuerermäßigung bei Belastung mit Erbschaftsteuer

18

4 Ich beantrage eine Steuerermäßigung nach § 35b EStG, weil in dieser Steuererklärung Einkünfte erklärt worden sind, die als Erwerb von Todes wegen ab 2020 der Erbschaftsteuer unterlegen haben. 185 1 = Ja

– Falls Zeile 4 mit „Ja" beantwortet wurde, füllen Sie bitte die folgenden Zeilen aus. –

EUR

5 Einkünfte, für die eine Steuerermäßigung nach § 35b EStG beantragt wird (ohne Einkünfte, die der Abgeltungsteuer nach § 32d Abs. 1 EStG unterliegen) 187 ,–

6 Insgesamt festgesetzte Erbschaftsteuer 188 ,–

7 Erbschaftsteuerpflichtiger Erwerb zuzüglich der Freibeträge nach den §§ 16, 17 ErbStG und des steuerfreien Betrags nach § 5 ErbStG 189 ,–

8 In Zeile 5 sind Einkünfte enthalten, die bei der Einkommensteuer ermäßigt besteuert werden. 1 = Ja

Steuerbegünstigung für schutzwürdige Kulturgüter

EUR

9 Abzugsbetrag bei Steuerbegünstigung nach § 10g EStG für schutzwürdige Kulturgüter, die weder zur Einkunftserzielung noch zu eigenen Wohnzwecken genutzt werden 151 ,–

Anteile an der Steuerbegünstigung nach § 10g EStG laut gesonderter und einheitlicher Feststellung

Steuerpflichtige Person / Ehemann / Person A

10 Gemeinschaft / Gesellschaft

11 Finanzamt Steuernummer

EUR

12 Gesondert und einheitlich festgestellter Betrag nach § 10g EStG 198 ,–

Ehefrau / Person B

13 Gemeinschaft / Gesellschaft

14 Finanzamt Steuernummer

EUR

15 Gesondert und einheitlich festgestellter Betrag nach § 10g EStG 199 ,–

Spendenvortrag

Steuerpflichtige Person / Ehemann / Person A — Ehefrau / Person B

16 Es wurde ein verbleibender Spendenvortrag nach § 10b EStG zum 31.12.2023 festgestellt. 1 = Ja 1 = Ja

Verlustabzug

Steuerpflichtige Person / Ehemann / Person A — Ehefrau / Person B

17 Es wurde ein verbleibender Verlustvortrag nach § 10d EStG zum 31.12.2023 festgestellt. 1 = Ja 1 = Ja

18 Ich beantrage / Wir beantragen von einem Verlustrücktrag nach § 10d EStG in die Jahre 2023 und 2022 abzusehen. 802 1 = Ja

Negative Einkünfte mit Bezug zu Drittstaaten

Steuerpflichtige Person / Ehemann / Person A — Ehefrau / Person B

19 Es wurden verbleibende negative Einkünfte nach § 2a Abs. 1 Satz 5 EStG zum 31.12.2023 festgestellt. 1 = Ja 1 = Ja

Freibetrag für bestandsgeschützte Alt-Anteile an Investmentfonds

Steuerpflichtige Person / Ehemann / Person A — Ehefrau / Person B

20 Es wurde ein verbleibender Freibetrag für bestandsgeschützte Alt-Anteile an Investmentfonds nach § 56 Abs. 6 Satz 2 InvStG zum 31.12.2023 festgestellt. 1 = Ja 1 = Ja

Herstellungs- und Anschaffungskosten

1. Herstellungskosten erfassen

Nutzen Sie dafür dieses Formular, um einen groben Überblick zu erhalten. Auf folgende Kosten und Belege sollten Sie achten, wenn Sie in einen Neubau investiert oder selbst gebaut haben:

Rechnung über Maklerprovision für Grundstückskauf	Euro
Notarrechnung Grundstückskauf	Euro
Grundbuchgebühren	Euro
Kopie des Kaufvertrags	Euro
Grunderwerbssteuerbescheid	Euro
Rechnungen der Justizkasse	Euro
Rechnungen Amtsgericht, Anwalt	Euro
Aufstellung der Fahrten und Parkgebühren, Fahrkarten ÖPNV zur Besichtigung des Grundstücks	Euro
Aufstellung der Fahrten und Parkgebühren, Fahrkarten ÖPNV Vertragsunterzeichnung	Euro
Kosten für Baugenehmigung	Euro
Rechnungen für Gutachter und Vermessung	Euro
Mögliche Kosten für Abriss	Euro
Rechnungen über Erdarbeiten und Abtransport	Euro
Rechnungen weitere Sachverständige, Statiker	Euro
Kosten für Bauvertragsprüfung	Euro
Erschließungskosten Straßen, Wasser, Strom, Heizen, Telekommunikation	Euro
Bauherren-Haftpflichtversicherung	Euro
Honorar Architekt	Euro
Richtfest	Euro
Zwischensumme	Euro

Zwischensumme von Vorseite	Euro
Rechnungen aller Gewerke (zum Beispiel Außenanlagen, Gebäude, Innenausbau, Heizung, Sanitär, Elektro, Bodenleger, Maler, Fliesenleger)	Euro
Aufstellung der Fahrten und Parkgebühren, Fahrkarten ÖPNV zur Besichtigung und Kontrolle der Baustelle	Euro
Darlehensvertrag	Euro
Notarrechnung für Grundschuldbestellung	Euro
Kontoauszug oder Schuldzinsbescheinigung der Bank	Euro
Rechnung der Verwaltungskasse für Eintragung einer Grundschuld	Euro
Bewilligungsbescheid über Zuschüsse aus öffentlichen Mitteln	Euro

Stand der Auflistung ______________

Gesamtkosten ______________ Euro

2. Anschaffungskosten ermitteln und belegen

Auf diese Kosten und Belege sollten Sie achten, wenn Sie in eine Bestandsimmobilie investiert haben:

- [ ] Kaufpreis laut Kaufvertrag
- [ ] Grunderwerbssteuer (siehe Grunderwerbssteuerbescheid)
- [ ] Notarrechnungen zum Kauf (Beurkundung des Kaufvertrags etc.)
- [ ] Grundbuchgebühren
- [ ] Maklerrechnung über Provision
- [ ] Rechnungen der Justizkasse
- [ ] Rechnungen Amtsgericht
- [ ] Rechnungen für Gutachter oder Bausachverständige im Zusammenhang mit dem Kauf
- [ ] Aufstellung der Fahrten und Parkgebühren, Fahrkarten ÖPNV zur Besichtigung der Immobilie
- [ ] Aufstellung der Fahrten und Parkgebühren, Fahrkarten ÖPNV bzgl. Vertragsunterzeichnung
- [ ] Rechnung über Verwalterzustimmung
- [ ] Weitere Verwalterabrechnungen im Zusammenhang mit Kauf
- [ ] Bei Erwerb über Zwangsversteigerung: gerichtliche Unterlagen über den Zuschlag
- [ ] Darlehensvertrag
- [ ] Notarrechnung für Grundschuldbestellung
- [ ] Kontoauszug oder Schuldzinsbescheinigung der Bank
- [ ] Weitere Bankgebühren
- [ ] Rechnung der Verwaltungskasse für Eintragung einer Grundschuld
- [ ] Bescheinigung über Baudenkmal oder Sanierungsgebiet
- [ ] Bewilligungsbescheid über Zuschüsse aus öffentlichen Mitteln
- [ ] Daten für Kaufpreisaufteilung:
- [ ] Baujahr
- [ ] Grundstücksgröße
- [ ] Wohnungsgröße/Wohnfläche

Ausfüllhilfe Angaben zur Inanspruchnahme einer Sonderabschreibung nach § 7b EStG

Unter bestimmten Voraussetzungen können Sie eine zusätzliche, zeitlich begrenzte Sonderabschreibung in Anspruch nehmen, wenn Sie neue Mietwohnungen kaufen oder bauen.

Welche Bedingungen dafür erfüllt sein müssen, können Sie in Kapitel 2 nachlesen (siehe S. 34 „So funktioniert die Sonderabschreibung"). Außerdem müssen Sie die Sonderabschreibung in der Anlage V auf Seite 2 beantragen. Dort tragen Sie in **Zeile 36** den ermittelten Betrag für die Sonderabschreibung ein.

Zusätzlich müssen Sie die dreiseitige Anlage „Angaben zur Inanspruchnahme einer Sonderabschreibung nach § 7b EStG" ausfüllen, die wir rechts zur Info abbilden. Damit weisen Sie nach, dass die Voraussetzungen für die Sonderabschreibung bei Ihnen gegeben sind – und zwar in jedem Jahr, in dem Sie die Sonderabschreibung in Anspruch nehmen. Mit den regulären Steuerformularen und den dazugehörigen Anlagen kann man diesen Nachweis (noch) nicht erbringen!
Diesen rechts abgebildeten speziellen und notwendigen Vordruck (das Ministerium nennt ihn „Checkliste Bauantrag/Bauanzeige nach dem 31. Dezember 2022 und vor dem 1. Oktober 2029") können Sie auf der Internetseite des Bundesfinanzministeriums wie folgt am einfachsten finden:

- ➔ bundesfinanzministerium.de aufrufen,
- ➔ auf Startseite in die Suchmaske „Mietwohnungsneubau" eingeben,
- ➔ auf „Änderung des Anwendungsschreibens zur Sonderabschreibung für ..." klicken,
- ➔ dann auf „Checkliste Bauantrag/Bauanzeige nach dem 31. Dezember 2022 und vor dem 1. Oktober 2029" klicken.

Laut Bundesfinanzministerium müssen Sie die Anlage, nachdem Sie dort die erforderlichen Angaben eingetragen haben, an das Finanzamt schicken, nachdem Sie die Vollständigkeit und Richtigkeit der Angaben mit Ihrer Unterschrift bestätigt haben. Spätestens, wenn das Finanzamt nachfragt, müssen Sie den ausgefüllten Vordruck übersenden. Wir zeigen Ihnen hier nun, wie Sie den Vordruck korrekt ausfüllen.

Allgemeine Angaben

Zeile 1 – 3: In diesem Teil der Anlage tragen Sie Ihre persönlichen Daten ein. Hier geben Sie Ihren Namen und Ihre Steuernummer an. Wenn Sie Unternehmer sind, tragen Sie hier außerdem Ihre Wirtschafts-Identifikationsnummer ein.

Allgemeine Angaben zum Förderprojekt

Zeile 4 – 6: In diesen Zeilen geht es um die Lage des Grundstücks / der Eigentumswohnung. Das bedeutet, hier gehören die Adresse Ihrer Immobilie hin sowie die Angaben des Grundsteuerbescheids.

Zeile 7a: Aktuelle Neubauprojekte werden nur über die Sonderabschreibung gefördert, wenn sie die Kriterien eines „Effizienzhauses 40" mit Nachhaltigkeitsklasse erfüllen. Der Begriff bezieht sich auf den Energiestandard, der Wesentliches über den Energiebedarf des Gebäudes und die Wärmedämmung aussagt. Die Stufe – in diesem Fall die 40 – zeigt an, wie viel Primärenergie im Vergleich zu einem normalen Gebäude benötigt wird, hier also 40 Prozent. Die

Angaben zur Inanspruchnahme einer Sonderabschreibung nach § 7b EStG

Bauantrag / Bauanzeige nach dem 31. Dezember 2022 und vor dem 1. Oktober 2029

für das **Kalenderjahr** (KJ)
bzw. das vom **Kalenderjahr abweichende Wirtschaftsjahr** (WJ) ____ / ____

Hinweis: Diese Anlage ist nur für Baumaßnahmen zu verwenden, deren Bauantrag / Bauanzeige nach dem 31. Dezember 2022 und vor dem 1. Oktober 2029 gestellt / getätigt wurde. Zur inhaltlichen Erläuterung siehe BMF-Schreiben vom 7. Juli 2020 (BStBl I S. 623) unter Berücksichtigung der Änderungen durch BMF-Schreiben vom 21. September 2021 (BStBl I S. 1805).

lfd. Nr. ____

Zeile

Allgemeine Angaben

1 ____
Name, ggf. Bezeichnung der Firma / Gesellschaft / Gemeinschaft

2 ____
Vorname

3 Steuernummer ____ (Wirtschafts-) Identifikationsnummer ____

Allgemeine Angaben zum Förderobjekt

4 ____
Straße, Hausnummer

5 ____
Postleitzahl | Ort

6 Einheitswert-Aktenzeichen ____

7a Das Gebäude erfüllt die Voraussetzungen eines **"Effizienzhaus 40" mit Nachhaltigkeits-Klasse** (Nachweis durch das Qualitätssiegel Nachhaltiges Gebäude) ☐ 1 = Ja 2 = Nein

Bauantrag gestellt / Bauanzeige getätigt am | Fertigstellung am | Im Fall der Anschaffung **zusätzlich**: angeschafft am

7b ____ | ____ | ____

8 ____ Wohnung(en) ist / sind durch die Baumaßnahme entstanden / wurde(n) angeschafft

9 davon wird / werden ____ Wohnung(en) entgeltlich zu fremden Wohnzwecken überlassen

10 ____ Wohnung(en) selbstgenutzt

11 Es wurden auch Flächen für andere Nutzungen hergestellt / angeschafft (z. B. für gewerbliche Vermietung) ☐ 1 = Ja 2 = Nein

Erklärung zu den Nutzungsvoraussetzungen

Die Wohnung(en), für die die Sonderabschreibung nach § 7b EStG in Anspruch genommen wird / wurde,

12 ☐ dient / dienen seit ihrer Fertigstellung / Anschaffung der entgeltlichen Überlassung zu fremden Wohnzwecken.

13 ☐ dient / dienen seit dem ____ nicht mehr der entgeltlichen Überlassung zu fremden Wohnzwecken.
(Soweit nur anteilig: Erläuterungen zum Umfang der Nutzungsänderung bitte gesondert vorlegen.)

14 ☐ wurde / wurden am ____ veräußert.
(Soweit nur anteilig: Erläuterungen zum Umfang der Nutzungsänderung bitte gesondert vorlegen.)

15 Der Veräußerungsgewinn unterliegt der Ertragsbesteuerung. ☐ 1 = Ja 2 = Nein

Hinweis: *Die bereits in den Vorjahren in Anspruch genommene Sonderabschreibung nach § 7b EStG wird verzinslich rückgängig gemacht, wenn die neue(n) Wohnung(en) im Jahr der Anschaffung oder Herstellung und in den folgenden neun Jahren nicht der entgeltlichen Überlassung zu Wohnzwecken dient / dienen oder die begünstigte(n) Wohnung(en) im folgenden Jahr der Anschaffung oder der Herstellung oder in den folgenden neun Jahren veräußert wird / werden und der Veräußerungsgewinn nicht der Ertragsbesteuerung unterliegt.*

Ein Nachweis, dass die begünstigte(n) Wohnung(en) innerhalb des zehnjährigen Nutzungszeitraums auch beim Erwerber weiterhin der entgeltlichen Überlassung zu fremden Wohnzwecken gedient hat / haben, ist vom Veräußerer im Rahmen der Steuererklärung des Veranlagungszeitraums, in den der Ablauf des zehnjährigen Nutzungszeitraums fällt, in geeigneter Art und Weise zu erbringen. Ausreichend ist eine Bestätigung des Erwerbers über die Einhaltung der Nutzungsvoraussetzung.

Nur auszufüllen bei Folgeantrag

16 Es haben sich keine Änderungen ☐ ja – weiter bei Zeile 36.

17 zu den Angaben des KJ bzw. WJ ____ / ____ (erstes Jahr der Inanspruchnahme) ergeben. ☐ nein – bitte die Angaben in den Zeilen 18 bis 35 entsprechend eintragen.

Zeile	**Angaben zur Nutzfläche**	☐ Neubau Gebäude	☐ Aufstockung / Aus-, Um-, An- oder Aufbauten	☐ Anschaffung Eigentumswohnung / Gebäude
18				
19	Nutzfläche des Gebäudes / der Eigentumswohnung insgesamt	m²	(grau)	m²
20	Nutzfläche, die durch die Baumaßnahme neu geschaffen wurde, insgesamt	(grau)	m²	(grau)
21	Davon entfällt auf die neue(n) Mietwohnung(en) (inkl. zu dieser / diesen gehörende(n) Nebenräume und anteilig gemeinsam genutzte Räume)	m²	m²	m²
22	auf andere Nutzungen	m²	m²	m²
23	**Angaben zur Brutto-Grundfläche** (alternativ zur Berechnung der Baukostenobergrenze nach der Nutzfläche)			
	Verwendung der Brutto-Grundfläche (BGF) nach DIN 277		(grau)	
24	BGF des Gebäudes / der Eigentumswohnung insgesamt	m²	(grau)	m²
25	BGF, die durch die Baumaßnahme neu geschaffen wurde, insgesamt	(grau)	m²	(grau)

Nachhaltigkeitsklasse müssen Sie mit dem Qualitätssiegel „Nachhaltiges Gebäude" (QNG) belegen. Das Siegel vergeben zertifizierte Stellen. Einen Überblick über den Prozess erhalten Sie auf dem Informationsportal Qualitätssiegel Nachhaltiges Gebäude des Bundesministeriums für Wohnen, Stadtentwicklung und Bauwesen, zu finden unter qng.info/.

Zeile 7b: Abhängig davon, ob Sie gebaut oder ein förderfähiges Neubauprojekt gekauft haben, tragen Sie hier entweder nur das Datum des Bauantrags und der Fertigstellung ein oder – im Fall eines Kaufes – noch das Datum des Kaufvertrags.

Zeile 8–10: Hier geben Sie an, wie viele Wohnungen insgesamt entstanden sind, beziehungsweise wie viele Wohnungen Sie gekauft haben, welche davon vermietet und wie viel selbst genutzt wird.

Erklärung zu den Nutzungsvoraussetzungen

Zeile 12–17: Da die Sonderabschreibung ausschließlich bei vermieteten Neubauprojekten greift, müssen Sie hier angeben, ob die betreffende Immobilie im Jahr der jeweiligen Steuererklärung noch vermietet ist (**Zeile 12**), ob Sie sie gegebenenfalls selbst nutzen (**Zeile 13**) oder ob die Wohnung inzwischen verkauft wurde (**Zeile 14**).

Wenn sich gegenüber dem Vorjahr oder dem ersten Antragsjahr keine Veränderungen ergeben haben, können Sie in **Zeile 16** ein „ja" ankreuzen und mit dem Ausfüllen bei Zeile 36 fortfahren. Wenn es sich um den ersten Antrag handelt oder sich Gegebenheiten verändert haben, müssen Sie die **Zeilen 18–35** ausfüllen.

Angaben zur Nutzfläche

Zeile 18–22: Die Sonderabschreibung kann nur in Anspruch genommen werden, wenn die Anschaffungs- oder Herstellungskosten einen bestimmten Betrag pro Quadratmeter Wohnfläche nicht übersteigen. Daher müssen Sie in den **Zeilen 18 bis 22** angeben, wie viel Fläche die Wohnung oder das Gebäude insgesamt hat, wie viel davon neu errichtet wurde, wie viel davon auf Vermietung und wie viel auf andere Nutzung entfällt.

Ein Beispiel: Sie bauen ein Mehrfamilienhaus. Darin befinden sich mehrere Mietwohnungen, zwei Büros und einige Gemeinschaftsräume inklusive der Haustechnik und des Aufzugs.

In **Zeile 18** kreuzen Sie das Kästchen „Neubau Gebäude" an. In **Zeile 19** tragen Sie die Gesamtfläche ein, im Beispielfall sind dies 750 m^2. Auf die Mietwohnungen und dazugehörige Nebenräume entfallen 350 m^2, diese Zahl tragen Sie in **Zeile 21** ein. 400 m^2 gehören zu den gewerblich genutzten Flächen, diese Quadratmeterzahl schreiben Sie in **Zeile 22**.

Angaben zu den Anschaffungs- oder Herstellungskosten

In **Zeile 26** tragen Sie die gesamten Anschaffungs- oder Herstellungskosten der Wohnung ein. Der Anteil für Grund und Boden ist nicht einzubeziehen.

Beispiel 1: Die Herstellungskosten für eine neu errichtete Wohnung belaufen sich auf 300000 Euro, wobei der Grund und Boden 50000 Euro ausmacht. In **Zeile 26** tragen Sie 250000 Euro ein.

In **Zeile 27** geben Sie Kosten an, die nach der Fertigstellung im ersten Jahr entstanden sind, etwa Kosten für Ausbauten. Wenn beispielsweise im Jahr nach der Fertigstellung zusätzliche Kosten von 10000 Euro für den Einbau von Küche und Bad angefallen sind, müssen Sie diese Summe in **Zeile 27** eintragen.

Zeile 28 ist für nachträgliche Anschaffungs- oder Herstellungskosten, die im zweiten Jahr nach der Fertigstellung entstehen. Analog zu Zeile 27 werden hier Kosten erfasst, die im zweiten Jahr nach Fertigstellung anfallen.

Beispiel 2: Zwei Jahre nach Fertigstellung geben Sie 5000 Euro für den Austausch von Türen aus. Diesen Betrag geben Sie hier an.

Angaben zu den Anschaffungs - oder Herstellungskosten

Zeile		EUR
26	Anschaffungs- oder Herstellungskosten – ohne Anteil Grund und Boden – (ohne Aufwendungen für Sonderausstattung für andere Nutzungen)	
27	nachträgliche Anschaffungs- oder Herstellungskosten – Kalenderjahr der Fertigstellung + 1 – . .	+
28	nachträgliche Anschaffungs- oder Herstellungskosten – Kalenderjahr der Fertigstellung + 2 – . .	+
29	nachträgliche Anschaffungs- oder Herstellungskosten – Kalenderjahr der Fertigstellung + 3 – . .	+
30	Summe	=

Prüfung der Baukostenobergrenze

31 Summe der Anschaffungs- oder Herstellungskosten der neuen Wohnung(en) ______ EUR *(Übernahme aus Zeile 30)* = ______ EUR

32 Gesamte Nutzfläche **oder** BGF ______ m² *(Übernahme aus Zeile 19 bzw. 20* ***oder*** *aus Zeile 24 bzw. 25)*

Hinweis: *Ist das Ergebnis der Zeile 31 dividiert durch Zeile 32 größer als 5.200 EUR darf die Sonderabschreibung nach § 7b EStG nicht in Anspruch genommen werden. Die bereits in den Vorjahren in Anspruch genommene Sonderabschreibung nach § 7b EStG wird verzinslich rückgängig gemacht, wenn der Betrag von 5.200 EUR innerhalb von drei Kalenderjahren nach Ablauf des Jahres der Anschaffung oder Herstellung überschritten wird.*

Ermittlung der Sonderabschreibung nach § 7b EStG

33 Summe der Anschaffungs- oder Herstellungskosten der neuen Wohnung(en) *(Übernahme aus Zeile 30)* ______ EUR × (Wohnfläche der neuen Mietwohnung(en) inkl. Nebenräume *(Übernahme aus Zeile 21)* ______ m² / ______ m² Nutzfläche insgesamt *(Übernahme aus Zeile 19 bzw. 20)*) = ______ EUR

34 höchstens Wohnfläche der neuen Mietwohnung(en) inkl. Nebenräume ______ m² *(Übernahme aus Zeile 21)* × **4.000 EUR** = ______ EUR

35 Übernahme kleinerer Betrag aus Zeile 33 oder 34 ______ EUR × Prozentsatz der Sonderabschreibung nach § 7b EStG **max. 5 %** ______ % ☐ wie Vorjahr = ______ EUR

Das Ergebnis der Zeile 35 ist – vorbehaltlich der Prüfung der Zeilen 36 ff. – in die Anlage V / die Anlage EÜR / die E-Bilanz zu übernehmen (bei mehreren Objekten ist für die Anlage EÜR / die E-Bilanz die Summe aller Sonderabschreibungen nach § 7b EStG zu übernehmen).

De-minimis-Verordnung

Erklärung (nur wenn die Sonderabschreibung nach § 7b EStG im Rahmen von Einkünften im Sinne der §§ 13, 15 und 18 EStG beansprucht wird): Hiermit erkläre ich (sofern gegeben als gesetzlicher Vertreter der Steuerpflichtigen lt. Zeile 1),

36 ______________________________

Name

dass **im laufenden Kalenderjahr sowie in den beiden vorangegangenen Kalenderjahren**

37 ☐ keine ☐ folgende Beihilfen im Sinne der Verordnung (EU) Nr. 1407/2013 der Kommission vom 18. Dezember 2013 über die Anwendung der Artikel 107 und 108 des Vertrags über die Arbeitsweise der Europäischen Union auf De-minimis-Beihilfen (ABl. L 352 vom 24. Dezember 2013, S. 1) (De-minimis-Verordnung) oder der Verordnung (EU) Nr. 360/2012 der Kommission vom 25. April 2012 über die Anwendung der Artikel 107 und 108 des Vertrags über die Arbeitsweise der Europäischen Union auf De-minimis-Beihilfen an Unternehmen, die Dienstleistungen von allgemeinem wirtschaftlichem Interesse erbringen (ABl. L 114 vom 26. April 2012, S. 8) (sog. DAWI-de-minimis-Verordnung), in der jeweils geltenden Fassung, bezogen wurden.

De-minimis-Beihilfen

Zeile	Datum des Bewilligungsbescheids / der Zusage	Beihilfegeber De-minimis-Beihilfen	Beihilfewert EUR
38			
39			
40			
41			
42	**Ist das Ergebnis in Zeile 42 größer als 200.000 EUR bzw. 300.000 EUR (ab KJ 2024) darf die Sonderabschreibung nach § 7b EStG nicht in Anspruch genommen werden.**	Summe	

DAWI-de-minimis-Beihilfen

Zeile	Datum des Bewilligungsbescheids / der Zusage	Beihilfegeber DAWI-de-minimis-Beihilfen	Beihilfewert EUR
43			
44			
45	**Ist das Ergebnis in Zeile 42 zzgl. des Ergebnisses in Zeile 45 größer als 500.000 EUR bzw. 750.000 EUR (ab KJ 2024) darf die Sonderabschreibung nach § 7b EStG nicht in Anspruch genommen werden.**	Summe	

In **Zeile 29** gehört dann die Summe von Kosten, die im dritten Jahr nach Fertigstellung anfallen.

Beispiel 3: Für den Einbau eines Aufzugs investieren Sie im dritten Jahr 8000 Euro. Diese tragen Sie in **Zeile 29** ein.
In **Zeile 30** bilden Sie die Summe aus den Positionen aus den **Zeilen 26 bis 29**. Im Beispiel 1 von Seite 130 also die Herstellungskosten von 250000 Euro (**Zeile 26**) sowie nachträgliche Kosten von 10000 Euro, 5000 Euro und 8000 Euro ergeben einen Betrag von 273000 Euro, der hier einzutragen ist.

Prüfung der Baukosten-obergrenze

In **Zeile 31** geben Sie entweder die gesamte Nutzfläche oder die Bruttogrundfläche der begünstigten Wohnung(en) an. Verfügt Ihre Wohnung beispielsweise über eine Nutzfläche von 85 m^2, tragen Sie dies in Zeile 31 ein.
In **Zeile 32** wird die Baukosten-Obergrenze ermittelt, indem die Summe aus Zeile 30 durch die Fläche aus Zeile 31 geteilt wird. So werden die Kosten pro Quadratmeter ermittelt.

Im Beispiel also 273000 Euro (**Zeile 30**) geteilt durch 85 m^2 (**Zeile 31**) ergibt 3211,76 Euro pro Quadratmeter. Diesen Betrag schreiben Sie hier hin.

Ermittlung der Sonder-abschreibung nach § 7b EstG

Zeile 33 gibt noch einmal den Hinweis zur Baukostenobergrenze und erklärt, dass die Baukostenobergrenze von 5200 Euro pro Quadratmeter nicht überschritten werden darf. Andernfalls ist die Sonderabschreibung ausgeschlossen.
In **Zeile 34** wird die Sonderabschreibung berechnet. Sie beträgt bis zu 5 Prozent der Anschaffungs- oder Herstellungskosten, jedoch nur für den Anteil, der die Baukostenobergrenze nicht überschreitet.

In unserem Beispiel ergibt sich bei Kosten von 3211,76 Euro pro Quadratmeter und einer Nutzfläche von 85 m^2 eine Bemessungsgrundlage von 273000 Euro.
Die Sonderabschreibung beträgt 13650 Euro pro Jahr (5 Prozent von 273 000 Euro).
In **Zeile 35** wird der Betrag in die Steuererklärung übernommen. Sie können also die Summe, die Sie in Zeile 34 ermittelt haben, in die Anlage V eintragen.

De-minimis-Verordnung

Die Sonderabschreibung nach § 7b EStG erhalten Sie nur, wenn die sogenannte De-minimis-Verordnung beachtet wird. Das sind die Vorgaben der EU für derartige Beihilfen. Wenn Sie als Privatperson eine Eigentumswohnung vermieten, haben Sie in aller Regel keine solchen Beihilfen erhalten. Damit überschreiten Sie mit dem wirtschaftlichen Vorteil aus der Sonderabschreibung auch nicht die Beihilfegrenze von 200 000 Euro. Sie können daher in einem solchen Fall in **Zeile 37** das Kästchen „keine" ankreuzen. Das Ausfüllen der weiteren Zeilen, also der **Zeilen 38 bis 49** entfällt dann.
Das Formular müssen Sie danach nur noch ganz unten datieren und unterzeichnen.

Beihilfewert der Sonderabschreibung nach § 7b EStG:

Ermittlung unter Verwendung des auf den Internetseiten des Bundesministeriums der Finanzen (http://www.bundesfinanzministerium.de) bereitgestellten Berechnungsschemas.

		Beihilfewert EUR
46	Erstes Jahr des Begünstigungszeitraums	
47	Zweites Jahr des Begünstigungszeitraums	
48	Drittes Jahr des Begünstigungszeitraums	
49	Viertes Jahr des Begünstigungszeitraums	

Die Sonderabschreibung nach § 7b EStG ist nur in der Höhe zulässig, wie der Beihilfewert im ersten Jahr des Begünstigungszeitraums (Zeile 46) bzw. bei Folgeanträgen die Summe aus dem Beihilfewert des aktuellen Jahres des Begünstigungszeitraums usw. zzgl. der Beihilfewerte aus max. zwei dem aktuellen Jahr des Begünstigungszeitraums vorangegangenen Jahren zusammen mit dem Ergebnis aus Zeile 42 den Betrag von 200.000 EUR bzw. 300.000 EUR (ab KJ 2024) und zusammen mit den Ergebnissen aus Zeile 42 und Zeile 45 den Betrag von 500.000 EUR bzw. 750.000 EUR (ab KJ 2024) nicht überschreitet.

50 ☐ Ich erkläre, dass ich die vorstehenden Angaben wahrheitsgemäß nach bestem Wissen und Gewissen gemacht habe und sie durch entsprechende Unterlagen belegen kann. Mir ist bekannt, dass die Angabe falscher Tatsachen, sowie das Unterlassen einer Anzeige strafrechtliche Folgen nach sich ziehen können (§§ 370, 153 Abgabenordnung – AO).

Ich erkläre ferner, dass ich die Anwendung der Verordnung (EU) Nr. 1407/2013 der Kommission vom 18. Dezember 2013 und der Verordnung (EU) Nr. 360/2012 der Kommission vom 25. April 2012, in der jeweils geltenden Fassung, als Rechtsgrundlage anerkenne und dass mir bekannt ist, dass die vorstehenden Angaben steuerlich erhebliche Tatsachen im Sinne von § 370 AO sind.
Außerdem ist mir bekannt, dass zu den steuerlich erheblichen Tatsachen insbesondere etwaige Sachverhalte gehören, die durch Scheingeschäfte und Scheinhandlungen verdeckt werden, sowie Rechtsgeschäfte oder Handlungen unter Missbrauch von Gestaltungsmöglichkeiten im Zusammenhang mit der in Anspruch genommenen Sonderabschreibung nach § 7b EStG. Das gilt auch für nachträgliche Änderungen von Vereinbarungen oder Rechtshandlungen, die mit dem Ziel vorgenommen werden, den Zeitpunkt des Beginns des Investitionsvorhabens oder des Investitionsabschlusses in eine Zeit, die eine Sonderabschreibung nach § 7b EStG bewirkt, zu verlegen, um dadurch eine Sonderabschreibung nach § 7b EStG in Anspruch zu nehmen.

Unterschrift

Datenschutzhinweis:

Informationen über die Verarbeitung personenbezogener Daten in der Steuerverwaltung und über Ihre Rechte nach der Datenschutz-Grundverordnung sowie über Ihre Ansprechpartner in Datenschutzfragen entnehmen Sie bitte dem allgemeinen Informationsschreiben der Finanzverwaltung. Dieses Informationsschreiben finden Sie unter www.finanzamt.de (unter der Rubrik „Datenschutz“) oder erhalten Sie bei Ihrem Finanzamt.

Datum, Unterschrift(en) (ggf. vom gesetzlichen Vertreter)

Bei der Anfertigung hat mitgewirkt: (Name, Anschrift, Telefonnummer)

Ihr Name

Straße

PLZ, Ort

Ihre Steuernummer

Ort, Datum

Eigenbeleg Nummer:

Betrag (Euro, Cent):

Empfänger:

Verwendungszweck:

Datum der Ausgabe:

Grund für den Eigenbeleg:

Unterschrift

Reisekostenabrechnung

Reisender ______________________________

Ort der Reise ______________________________

Reisezweck ______________________________

Beginn ______________________ Uhrzeit __________

Ende ______________________ Uhrzeit __________

Fahrtkosten (sofern nicht in lfd. Kfz-Kosten enthalten)

______________________ gefahrene Kilometer (hin **und** zurück) x 0,30 Euro __________ Euro

Flugzeug ______________________________ Euro

Deutsche Bahn ______________________________ Euro

sonstige ______________________________ Euro

Summe __________ **Euro**

Verpflegungsmehraufwendungen

Tage mit Abwesenheit von

8–24 Stunden ______________________ x 14,– Euro __________ Euro

24 Stunden ______________________ x 28,– Euro __________ Euro

Summe __________ **Euro**

Übernachtungskosten

Reisenebenkosten ______________________ __________ Euro

Telefon ______________________ __________ Euro

Parken ______________________ __________ Euro

Taxi ______________________ __________ Euro

Sonstiges ______________________ __________ Euro

Summe __________ **Euro**

Gesamtsumme __________ **Euro**

Checkliste Werbungskosten

In dieser Checkliste haben wir für Sie die gängigen laufenden Ausgaben im Zusammenhang mit einer Vermietung zusammengestellt. Tragen Sie einfach alle ermittelten Jahresbeträge zur jeweiligen Position in der betreffenden Zeile ein. Sollte ein Punkt nicht aufgeführt sein, können Sie ihn in der Position „Weitere Werbungskosten" erfassen. Die jährliche Abschreibungsrate ergibt sich auf Basis Ihres Kaufpreises plus Anschaffungsnebenkosten; dabei müssen Sie das Baujahr und die gewählte Abschreibung (linear oder degressiv) beachten. Mehr dazu erfahren Sie in Kapitel 2 dieses Ratgebers.

Grundsteuer	______ Euro
Weitere Grundbesitzabgaben (Müllabfuhr, Straßenreinigung, Abwasser)	______ Euro
Wasser	______ Euro
Strom	______ Euro
Heizungskosten	______ Euro
Schornsteinfeger	______ Euro
Schuldzinsen	______ Euro
Bankgebühren	______ Euro
Rechnungen über Handwerkerleistungen (Erhaltungsaufwand, zum Beispiel kleinere Reparaturen, Instandhaltung oder Erneuerung vorhandener Einrichtung)	______ Euro
Rechnungen über Handwerkerleistungen (umfangreiche Sanierung oder Umbau)	______ Euro
Abrechnungen der Hausverwaltung	______ Euro
Hausgeldabrechnung	______ Euro
Versicherungspolicen (zum Beispiel Wohngebäudeversicherung)	______ Euro
Kosten für eigene Verwaltung und Büroarbeiten (Telekommunikation, Porto, Schreibbedarf)	______ Euro
Aufstellung der Fahrten, Parkgebühren, Fahrkarten ÖPNV zum Vermietungsobjekt (am besten zusätzlich tabellarisch mit Nennung der Termine, zum Beispiel Handwerker oder Eigentümerversammlung)	______ Euro
Anschaffung von Möbeln bei vermietetem Apartment	______ Euro
Rechtsberatung	______ Euro
Kosten für Mietersuche (zum Beispiel Internetportale, Rechnungen für beauftragten Makler)	______ Euro
Beiträge Haus und Grund	______ Euro
Weitere Werbungskosten (zum Beispiel Alarmanlage, Fachliteratur)	______ Euro
Abschreibungsrate (gemäß ermittelter Abschreibung je nach Baujahr sowie linearer oder degressiver Abschreibung)	______ Euro
Summe	______ **Euro**

Name

Straße

PLZ, Ort

Telefon

E-Mail

Anreise

Abreise

Rechnungsdatum

Nächte

Rechnungsnummer

Personen/Tiere

Sehr geehrte Familie Xy,

wir erlauben uns, wie folgt in Rechnung zu stellen,

	Leistung	Einzelbetrag	Gesamtbetrag
1.	Ferienhaus/Ferienwohnung für x Personen 1. Nacht (inkl. z. B. Endreinigung, Gas, Wasser, Strom, Brennholz, WLAN, Bettwäsche und Handtücher)	Euro	Euro
2.	Ferienhaus/Ferienwohnung für x Personen 2.– x. Nacht	Euro	Euro
3.	Zusatzleistungen (Haustier, Nebenkosten, Wäsche etc.)	Euro	Euro
		Gesamtbetrag:	Euro
		minus Anzahlung:	Euro
		zu zahlender Betrag:	**Euro**

Bitte überweisen Sie den Restbetrag mit Verwendungszweck spätestens XX Tage vor Reiseantritt.
Wir wünschen Ihnen einen schönen Urlaub!

Mit freundlichem Gruß

Ihr Name

Ihre Bank- und Kontoverbindung – Gemäß § 19 UStG enthält der Rechnungsbetrag keine Umsatzsteuer.

AfA-Tabelle für den Wirtschaftszweig „Gastgewerbe“ (Auszug)

Wenn Sie höherwertiges Inventar für Ihre Ferienwohnung kaufen, müssen Sie die Anschaffungskosten abschreiben, und zwar linear über die voraussichtliche Nutzungsdauer. Sie dürfen als Ferienhaus-Vermieter dafür die gesonderte AfA-Tabelle „Gastgewerbe“ nutzen – hier sind manche Abschreibungszeiträume kürzer als in der regulären AfA-Tabelle.

Quelle: bundesfinanzministerium.de, Rubrik (ganz unten) „AfA-Tabellen“

	Nutzungsjahre	Linearer AfA-Satz
Bettgestelle aus Holz oder Metall	10	10
Bilder: hochwertige Gemälde (ab 2 500 Euro Anschaffungskosten)	20	5
Bilder: hochwertige Grafiken, Aquarelle, Zeichnungen (ab 1 000 Euro Anschaffungskosten)	20	5
Bilder: sonstige Gemälde	10	10
Bilder: sonstige Druck oder Grafik	5	20
Brat- und Backöfen	5	20
Elektrokleingeräte	3	33
Fernsehgeräte (in Fremdenzimmern)	3	33
Fitnessgeräte	5	20
Geschirrspülmaschinen	5	20
Herde	5	20
Infrarotheizungen (mobil)	5	20
Kaffeemaschinen (elektr.)	5	20
Markisen	8	12
Möbel (einschließlich Einbaumöbel)	10	10
Radios	3	33
Reinigungsgeräte (Staubsauger)	3	33
Normale Teppiche und Brücken	5	20
Einfache Teppiche und Brücken	3	33